汕頭大學

智慧教育探索与实践

SHANTOU UNIVERSITY

主　编：郝志峰

副主编：陈　敏

汕頭大學出版社

图书在版编目（CIP）数据

汕头大学智慧教育探索与实践 / 郝志峰主编 ; 陈敏副主编. -- 汕头 : 汕头大学出版社, 2025. 6. -- ISBN 978-7-5658-5594-8

Ⅰ. G64-39

中国国家版本馆CIP数据核字第2025XX1200号

汕头大学智慧教育探索与实践

SHANTOU DAXUE ZHIHUI JIAOYU TANSUO YU SHIJIAN

主　　编： 郝志峰

副 主 编： 陈　敏

责任编辑： 胡开祥

责任技编： 黄东生

装帧设计： 郭　炜　吴曼婷

出版发行： 汕头大学出版社

广东省汕头市大学路243号汕头大学校园内　邮政编码：515063

电　　话： 0754-82904613

印　　刷： 深圳市新联美术印刷有限公司

开　　本： 787mm×1092mm　1/16

印　　张： 19.25

字　　数： 218千字

版　　次： 2025年6月第1版

印　　次： 2025年6月第1次印刷

定　　价： 68.00元

ISBN 978-7-5658-5594-8

《汕头大学智慧教育探索与实践》编委会

主　编：郝志峰

副主编：陈　敏

编　著：苏　明　黄静霞　来佑彬　夏欧东　林常敏　杜　虹
曾　锐　黄奕雄　杜式敏　焦中铎　李　松　林兵峰
曾剑雄　刘祥玲　卓燕淳　包能胜　路继业　张　婧
陈晓鹏　张翠娜　王传林　韩宝成　单　丽　宋海红
毛良斌　简经鑫　连松友　谢向生　纪培娜　吴锳凡
龙月娥　倪绍飞　姚　溱　吴佩莎　李俨书　许　弢
吴嘉俊　黄继刚　原明明　张　欣　周军杰　陈广慧
张铭志　王泓熹　辛　岗　刘淑慧　林李锐　东　庚
施楚君　李　韵　王奉涛

前 言

在 2024 世界慕课与在线教育大会上，教育部副部长吴岩表示，高等教育正在加速进入智慧教育阶段，“智慧教育元年”已经到来。数字技术推动高等教育变革经历了五个阶段，分别是以广播电视为支撑的视听化教学阶段、以计算机多媒体为支撑的计算机辅助教学阶段、以网络通信为支撑的网络教育阶段、以移动设备为支撑的移动互联网阶段和以人工智能大数据为支撑的智慧教育阶段。可以认为，智慧教育既是数字教育技术在智能时代的革新，也是数字教育技术的再发展。2025 年教育部等九部门联合印发的《关于加快推进教育数字化的意见》提出：要全面推进智能化，促进人工智能助力教育变革，加强人工智能等前瞻布局，推动学科专业数字化升级和科研范式变革，推动课程、教材、教学数字化变革。汕头大学被李岚清同志誉为“中国高校改革的试验田”，始终坚持“改革创新、先试先行”的办学传统，在教育数字化方面进行了长期的探索并具有深厚的积累，“勇立潮头、不断进取”，在智慧教育的新时代进行全面改革实践。

《汕头大学智慧教育探索与实践》是对我校近年来智慧教育所做努

力和取得成果的全面总结与深入剖析。汕头大学对于智慧教育改革，不是将其视为数字技术在教育教学中的简单应用，而是作为一种融合了先进教育理念、创新教学模式、高效管理机制以及优质教育资源的全新教育生态系统，进行一体化构建，在智慧教育的征程上迈出了坚实有力的步伐。在汕头大学党委书记唐锐、校长郝志峰、副校长陈敏的领导下，教务处、教师发展与教育评估中心、科研处、研究生院、党政办公室、党委宣传统战部、团委、学生处、网络与信息中心和高等教育科学研究所的主要领导及骨干，对学校智慧教育的典型案例进行系统汇集和精心整理，经过多轮集体研讨打磨，最终编撰形成此书。

本书旨在将我校在智慧教育方面的实践经验与广大教育工作者分享，希望能为推动我国智慧教育的发展贡献一份力量。衷心希望本书的出版，能够引发更多关于智慧教育的深入思考和积极探索，促进各高校之间的交流与合作，共同为我国教育事业的现代化建设添砖加瓦。在智慧教育的道路上，汕头大学将继续砥砺前行，不断探索创新，努力为师生创造更加优质、高效、个性化的智慧教育环境，培养出更多具有创新精神和实践能力的高素质人才，为社会的发展和进步做出更大的贡献。

目 录

第一章
汕头大学智慧教育一体化改革概要

自 1981 年成立以来，汕头大学始终秉承“爱国爱乡、团结奉献、敢为人先、坚韧不拔”的精神，发扬“改革创新、先试先行”的办学传统，坚持“建立自我、追求无我”的育人理念，传承“先进本科教育”模式，以“精细培养、追求卓越”的质量文化，为国家和社会培养“有志、有识、有恒、有为”的高质量人才。作为“中国高等教育改革试验田”，汕头大学在智能教育方面进行了持续的探索，既响应智能时代的需求，又引领智能时代的发展。

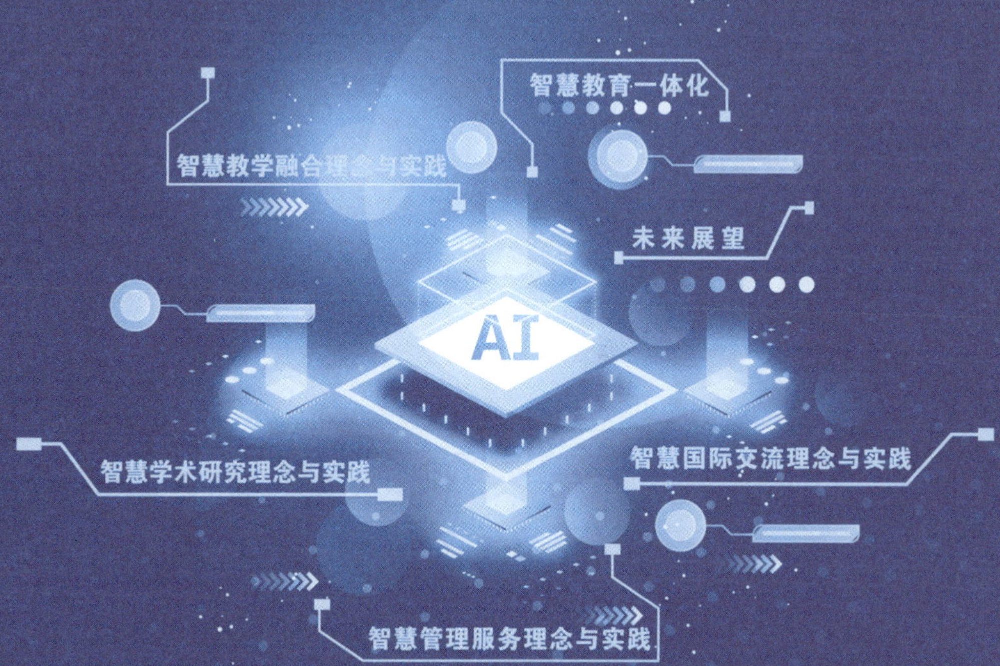

第一节 智能时代高校智慧教育的内涵

一、教育资源智能化创新

在智能时代背景下，教育资源的组织方式和服务模式正在发生根本变革。高校智慧教育强调“教育资源智能化创新”，即借助人工智能、大数据、云计算等技术，对教育内容、教学媒体、学习工具等进行智能整合、动态生成和个性推荐，实现资源的高效获取、智能匹配与精准服务。汕头大学通过建设智慧教学平台、开放式课程资源库和智能学习工具，推动教学资源从“静态供给”向“智能生成”“按需推送”转型，提升资源的响应速度与服务能力，为多样化、个性化教学提供坚实支撑。这一创新不仅优化了资源的使用效率，也重塑了教育生态结构，加速高校教育从“内容中心”向“数据与技术驱动中心”的战略转向。

二、教育过程的智能优化

智慧教育的核心在于对教学全过程的系统优化。汕头大学聚焦“教育过程的智能优化”，通过引入 AI 技术对教学设计、课堂互动、课后辅导与学习评价等环节进行深度赋能，实现教学链条的全面数字化与智能化。教师可以通过数据分析精准掌握学生学习状况与问题分布，实时调整教学策略；教学系统能够智能推荐教学内容与活动，提升教学互动的针对性与实效性；教学评价从结果性评价拓展为过程性、诊断性、形成性相结合的综合性反馈机制。这种基于数据驱动的优化路径，不仅提升了教学效率，也推动了教育从经验导向向证据导向转变，为智慧教育高质量发展奠定基础。

三、学习过程的智能优化

智慧教育不仅要优化教师的教，也要深度重塑学生的学。汕头大学在“学习过程的智能优化”方面积极探索，通过学习分析、智能推荐、个性反馈、虚拟助学等技术手段，构建以学生为中心、数据驱动的学习支持体系。该支持体系能够基于学生的学习行为、知识掌握度和能力倾向，动态推荐最适合其发展的学习内容、学习路径和学习策略，支持分层推进、因材施教。同时，智能导师与学习伙伴系统的引入，也在一定程度上实现了对学生自主学习过程的伴随支持和实时纠偏，增强了学习过程的互动性与可持续性，极大提升了学习的主动性、效率与深度，推动学生实现更高层次的认知发展。

四、智能化教育管理升级

教育管理作为支撑教学运转和制度保障的重要环节，在 AI 时代也面临智能化转型的深刻变革。汕头大学推动“智能化教育管理升级”，通过智能排课、学习行为监测、教学质量追踪、管理决策分析等系统建设，实现从传统事务性管理向决策支持型、服务引导型管理转变。AI 辅助决策系统能够基于多源教育数据，精准识别管理瓶颈、预测运行风险、优化资源配置，提高管理的科学性与前瞻性。同时，借助智能平台实现教学运行全流程可视化、可追溯，增强管理过程的透明度与执行力，推动高校治理体系和治理能力现代化，打造高效、敏捷、智慧的教育管理新模式。

五、培养学生智能素养与创新能力

智慧教育的终极目标是促进学生的全面成长，尤其是在智能时代背景下，更要着力提升其智能素养与创新能力。汕头大学在人才培养中，将“培养学生智能素养与创新能力”作为重要战略目标，推动学生在掌握 AI 工具应用能力的同时，具备理解技术原理、分析技术后果、评价技术伦理的综合素养。通过开设人工智能通识课程、组织跨学科创新实践、鼓励学生参与科研与创客项目，全面提升学生对智能技术的理解深度与创新运用能力。同时，引导学生在 AI 辅助下提出新问题、设计新路径、创造新价值，培养他们在不确定世界中应对复杂挑战、引领社会变革的关键能力，为国家和社会储备面向未来的创新型人才。

第二节
汕头大学智慧校园的发展历史

校园网建设起步阶段（1990 年）：汕头大学成立网络研究中心，致力于建设校园以太网。在 1991 年向亚太网控中心 APNIC 申请了 2 个 C 类 IP 段，是国内高校最早有自己 IP 地址的学校。同年开启 MIS 系统的开发工作，涵盖无纸化办公、工资、教材、人事等方面管理。1992 年通过 UUCP 与香港大学连接开通国际电子邮件，1994 年加入 CERNET，成为首批加入 CERNET 的广东七所高校成员。1998 年启动“211 工程”校园网项目，建立起了全校光纤网络，实现教学、办公、宿舍区光纤网络和信息点全覆盖。

数字化校园建设提出阶段（2002 年）：2002 年学校提出数字化校园建设目标，涵盖网络基础、数据中心、基础服务、应用服务、用户门户等方面，旨在构建一个集“教学、科研、管理、生活”于一体的数字化、网络化校园环境，全面支持信息化和现代化的教育模式。2003 年投资成立专门数字化教育机构，推出数字化校园在线教学平台，基于新架构建设核心数据库、学生信息管理系统、后勤管理系统和教务教学系统。

数据中心建成阶段（2005 年）：2005 年 10 月建成数据中心，机房面积约 230 平方米，包括服务器中心机房、VIP 服务器专业机房、数据中心监控室等。数据中心在校园网的办公自动化、视频服务、虚拟主机、目录服务、网站服务等诸多方面发挥着重要作用，同时将学校各单位的服务器集中管理，提供空间租赁、主机托管等服务。

教育与信息技术深度融合阶段（2010 年）：学校不断促进教育与信息技术的深度融合，优化信息化教与学环境建设，并拓展信息化环境下的教与学模式改革，推广线上教学和线上线下混合式教学模式。成立 MYSTU 平台团队，将在线教学平台（E-learning）全面升级为汕头大学 MYSTU 平台，整合学校 80% 的课程进行在线学习。

智慧教学空间建设阶段（2020 以来）：2020 年，汕头大学、腾讯云、中国银行三方共同携手打造智慧校园项目，以打造微校、企业微信相融合的多校园服务入口，底层云平台建设、物联、AI 等业务中台建设，实现智慧业务系统融合重构，最终达到一网助力集体创新、一屏包揽全国金课、一键反馈全校需求、一码通行汕大各校区、一站夯实信息基础，落实汕头大学智慧校园信息化规划。2023 年，汕头大学通过建设智慧教学环境，构建起课堂教学、远程同步交互教学、在线教学三位一体的教学组织模式，持续推动学科信息化教学工具、课程平台、教学资源平台的广泛应用。打造数据互联互通的线下智慧教室与线上教学平台，实现混合式学习形式，促进师生课堂互动与教学创新。

以上发展历史，如图 1-1 所示。

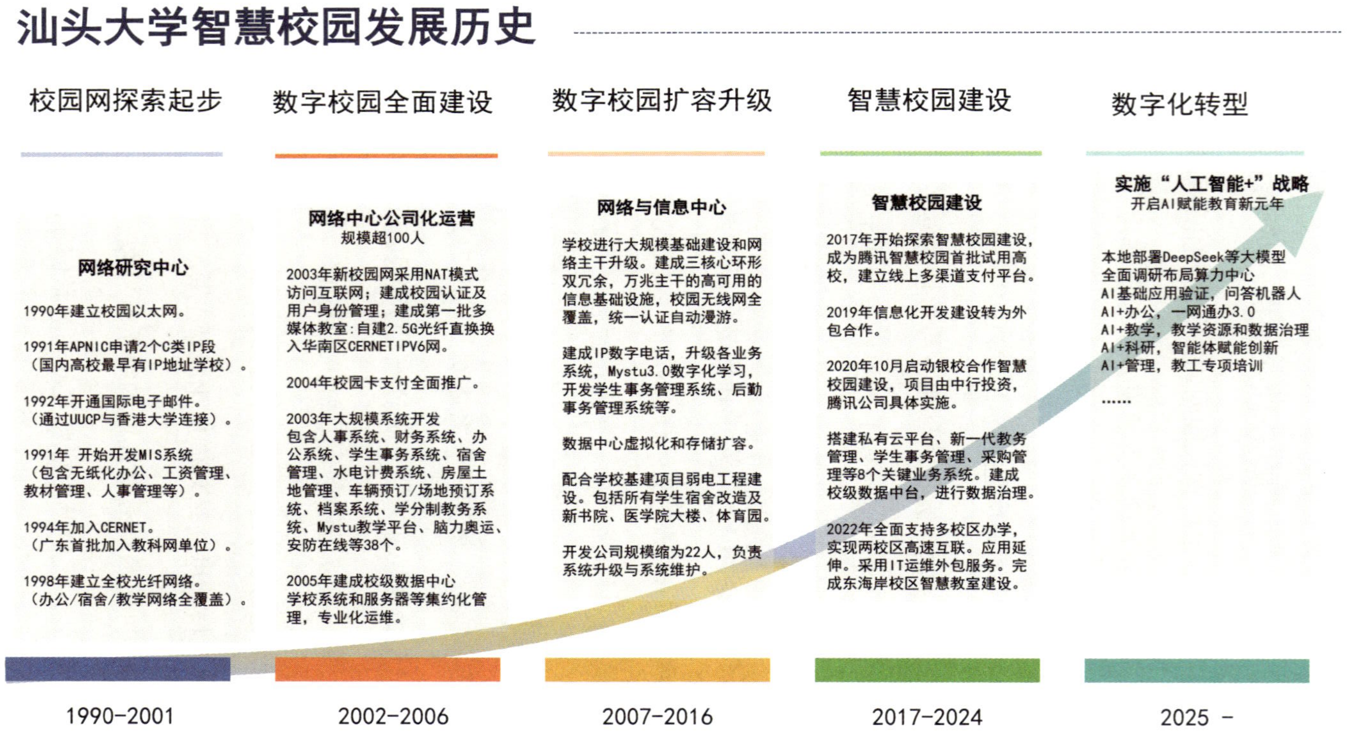

汕头大学智慧校园发展历史

校园网探索起步（1990—2001）

网络研究中心

1990年建立校园以太网。

1991年APNIC申请2个C类IP段（国内高校最早有IP地址学校）。

1992年开通国际电子邮件。（通过UUCP与香港大学连接）。

1991年 开始开发MIS系统（包含无纸化办公、工资管理、教材管理、人事管理等）。

1994年加入CERNET。（广东首批加入教科网单位）。

1998年建立全校光纤网络。（办公/宿舍/教学网络全覆盖）。

数字校园全面建设（2002—2006）

网络中心公司化运营

规模超100人

2003年新校园网采用NAT模式访问互联网；建成校园认证及用户身份管理；建成第一批多媒体教室：自建2.5G光纤直换换入华南区CERNETIPV6网。

2004年校园卡支付全面推广。

2003年大规模系统开发包含人事系统、财务系统、办公系统、学生事务系统、宿舍管理、水电计费系统、房屋土地管理、车辆预订/场地预订系统、档案系统、学分制教务系统、Mystu教学平台、脑力奥运、安防在线等38个。

2005年建成校级数据中心学校系统和服务器等集约化管理，专业化运维。

数字校园扩容升级（2007—2016）

网络与信息中心

学校进行大规模基础建设和网络主干升级。建成三核心环形双冗余，万兆主干的高可用的信息基础设施，校园无线网全覆盖，统一认证自动漫游。

建成IP数字电话，升级各业务系统，Mystu3.0数字化学习，开发学生事务管理系统、后勤事务管理系统等。

数据中心虚拟化和存储扩容。

配合学校基建项目弱电工程建设。包括所有学生宿舍改造及新书院、医学院大楼、体育园。

开发公司规模缩为22人，负责系统升级与系统维护。

智慧校园建设（2017—2024）

智慧校园建设

2017年开始探索智慧校园建设，成为腾讯智慧校园首批试用高校，建立线上多渠道支付平台。

2019年信息化开发建设转为外包合作。

2020年10月启动银校合作智慧校园建设，项目由中行投资，腾讯公司具体实施。

搭建私有云平台、新一代教务管理、学生事务管理、采购管理等8个关键业务系统。建成校级数据中台，进行数据治理。

2022年全面支持多校区办学，实现两校区高速互联。应用延伸。采用IT运维外包服务。完成东海岸校区智慧教室建设。

数字化转型（2025 -）

实施“人工智能+”战略

开启AI赋能教育新元年

本地部署DeepSeek等大模型
全面调研布局算力中心
AI基础应用验证，问答机器人
AI+办公，一网通办3.0
AI+教学，教学资源和数据治理
AI+科研，智能体赋能创新
AI+管理，教工专项培训
……

图 1-1　汕头大学智慧校园发展历史

第三节
汕头大学智能教育的发展历史

早期探索阶段（1990—2000）：汕头大学在20世纪90年代初期就大力发展人工智能教育，具有较大的全国影响力，与中国科学院共同承办国内著名人工智能权威期刊——《模式识别与人工智能》。尤其以中国科学院院士戴汝为研究员的学术带头人，建立了人工智能与模式识别开放实验室，主要研究内容有人工智能理论基础、模式识别理论与方法、手写汉字与文字语音处理与识别、图像信息处理和计算机图形学等。特别支持人工智能与模式识别领域的新理论、新方法和新构思的研究。

改革探索阶段（2000—2018年）：汕头大学智能制造技术教育部重点实验室于2000年8月被纳入教育部重点实验室建设计划，2002年经教育部专家现场评价，获得批准成为教育部重点实验室。2006年，汕头大学成为CDIO国际工程教育合作组织唯一中国成员，引领中国CDIO教育改革，探索工程教育领域的创新模式，为智能教育在工程专业的融合理下伏笔。2012 年，商学院工商管理大类本科专业通过 EPAS 国际认证，体现了学校在商科教育国际化和专业化方面的成果，也为智能教育在商科的融合发展提供了平台。

持续发展阶段（2018—2021 年）：2018 年是我校人工智能发展的新阶段，汕头大学商学院启动“人工智能与大数据 + 商科”人才培养计划，构建“三层递进”的课程体系，开始在商科教育中融入人工智能相关课程和技术。2021 年 3 月 17 日，汕头大学网络安全与人工智能产业学院成立，与深信服科技共建，开展信息安全、云计算、大数据、人工智能专业人才培养合作，共建实训基地等，推动了人工智能专业教育与产业需求的对接。

深化拓展阶段（2022 至今）：2022 年，在智能技术应用大赛中，汕头大学·香港中文大学联合汕头国际眼科中心成绩斐然，并开设相关课程，完善医学人工智能教育培养体系。2024 年 8 月 19 日，学校举办“‘四新’教育和创新人才培养暨 AI 课程和教材建设研讨会”，为推动学校教育教学创新与发展提供思路和启示。2024 年 9 月 26 日，“人工智能 +”助力新质生产力发展活动举行，汕头大数据产业协会成立 AI 专业委员会和 AI 产业联盟，推动“AI+ 教育”平台建设，为教育领域提供全方位服务。2025 年 3 月 7 日至 9 日，举办“AI 时代数学学科发展与拔尖创新人才培养模式论坛”，并为粤港澳国家应用数学中心粤东分中心、汕头大学前沿数学与人工智能研究院揭牌，推动数学与人工智能的深度融合。此外，医学院基于大语言模型的病史采集训练系统上线运行，为智能化医学教育提供新路径。商学院在智能会计人才培养方面继续深化改革，强化伦理与批判思维教育，加强校企合作，培养“AI 指挥官”式的专业人才。2025 年 4 月 7 日，汕头大学发布了由教师发展与教育评估中心编制的《汕头大学教育教学人工智能应用场景参考指引》。

第四节
汕头大学 AI 一体化改革战略

一、科研联结一体化

科研资源的联结、整合与共享是 AI 科研一体化的关键环节，推动系统互联和数据互通。首先要做到科研资源全域整合与智能配置。对数据资源进行统筹管理，搭建跨领域、多学科的数据共享平台，推动建设多模态数据中枢，构建跨行业、跨层级的科研数据共享生态，整合政府公共数据、企业生产数据、高校科研数据，通过区块链技术实现数据确权与安全流通，运用联邦学习技术保障数据“可用不可见”。同时需要建立科研设施集群化协同网络，打造“云端 + 边缘”分布式科研设备共享平台，建立大型科研设备共享网络，通过数字孪生技术实现设备状态实时监控与智能调度。其次要构建全方位的科研协同创新机制，打破传统科研主体之间的壁垒。一方面，加强产学研合作。高校与科研机构凭借其基础研究优势，聚焦人工智能基础算法、理论模型的创新；企业则基于市场需求与工程实践经验，将科研成果快速转化为实际产品与服务。另一方面，促进跨学科科研团队组建。团队成员借助人工智能技术，从各自学科视角出发，运用不同研究方法协同开展研究，培养 AI 时代的复合型人才。

二、学科融合一体化

在 AI 一体化改革战略背景下，学科融合的核心在于重塑知识体系。一方面，要打破传统学科界限，促进跨学科知识体系重构与智能联结，以人工智能技术为纽带，将多学科知识进行有机整合。其一要推动学科边界消融与知识网络建模。以人工智能技术为底层架构，构建动态知识融合图谱，通过自然语言处理技术解析学科术语关联，运用图神经网络挖掘不同领域知识节点的潜在联系。其二要建立问题导向的知识聚合机制。针对碳中和、脑科学等重大战略需求，建立“AI 驱动问题拆解—学科要素重组—知识集群创新”机制，突破单一学科知识供给的局限性。另一方面，要构建融合型课程生态系统。开发“AI 核心技术 +X 学科应用”模块化课程群，设计融合多学科内容的课程，以 AI 技术应用为导向。同时，建立课程知识动态迭代平台，利用网络爬虫与知识抽取技术实时追踪 AI 与各学科前沿成果，自动生成课程案例库。

三、课程体系一体化

主要从课程目标、课程结构、教学资源、教学模式以及课程评价 5

个维度构建课程体系一体化框架，突出 AI 技术在课程融合中的底层赋能作用与系统化实施路径。在 AI 一体化改革战略下，其一，课程目标需达成深度融合与全面覆盖。所有课程都应融入 AI 基础知识与思维培养目标，同时，专业课程要明确与 AI 结合的应用目标。其二，构建以 AI 为核心纽带的分层课程结构。设立 AI 基础核心课程层，面向全体学生开设，如“人工智能基础”“数据处理与分析”等课程，为后续学习奠定基础，中层为“AI+ 专业”融合课程，将 AI 技术深度嵌入各专业课程体系，顶层设置跨学科综合实践课程，以项目式学习为主。其三，整合线上线下教学资源，打造 AI 赋能的一体化教学资源库。线上利用 MOOC 平台，汇聚国内外优质 AI 相关课程资源，学生可按需选修来拓展知识。建设虚拟仿真实验平台，通过虚拟现实、增强现实技术，模拟 AI 在各学科领域的应用场景。同时，编写一体化教材，将 AI 知识与各学科知识有机融合，以案例驱动方式呈现教学内容，方便学生学习理解。其四，采用以学生为中心的智能化教学模式。借助 AI 教学辅助工具，实现个性化学习，在课堂教学中，运用混合式教学模式，将传统讲授与在线学习、小组讨论相结合。其五，建立适应 AI 一体化改革的课程评价体系。评价内容既涵盖学生对学科知识与 AI 技术的掌握程度，又关注学生在跨学科项目中的表现。

四、产教合作一体化

汕头大学 AI 一体化改革始终坚持合作共赢的原则，秉持合作为要的理念，推动产教深度融合，形成闭环，促进人才培养与产业需求的无缝对接，促进技术创新和产业升级。首先，要注重产教融合体制机制创新。推动构建全链条协同育人平台，成立校企联合理事会，由政府、高校、龙头企业以及行业协会共同参与，制订 AI 产业人才需求白皮书与培养标准。其次，人才培养模式要注重产业导向。构建“AI 基础课程 + 专业核心课程 + 产业实践课程”的一体化课程体系，高校与企业共建 AI 实训基地，打造真实产业环境，让学生在实践中提升解决实际问题的能力，实现课程内容与工作岗位的无缝衔接。最后，推动科研合作与成果转化。高校与企业联合开展 AI 科研项目，共同攻克行业关键技术难题。企业提出实际生产中的技术需求，高校利用科研资源进行技术攻关，研发新的算法与模型。双方共享科研成果，通过产学研合作，促进高校科研成果向企业的转移转化，加速 AI 技术产业化进程，实现教育与产业的互利共赢。

五、传承创新一体化

AI 作为桥梁，连接传统与现代，促进双向互动，其在传统文化解构、现代价值重构、创新生态构建中具有核心作用，形成“保护—创新—应用—反哺”的一体化发展模式。

其一，推动文化基因的数字化传承与活化创新。完善文化遗产智能保护体系，构建“AI+‘非遗’”全链条保护平台，开发文化内容智能生成引擎，基于中华文化知识库训练大语言模型与多模态生成模型，促进传统文化创造性转化。

其二，促进传统技艺的智能化革新。将传统手工技艺与现代智能生产相结合，既保留传统技艺的文化内涵，又适应现代市场需求，推动传统产业转型升级。

其三，在教育中，借助 AI 构建创新传承体系。开发基于 AI 的个性化学习平台，针对不同学生的学习特点，推送传统文化学习内容与课程。此外，利用 AI 技术开展教育评价，精准分析学生的学习成果，为教学改进提供依据，优化传统文化教育效果。

其四，在科研领域，传承过往研究成果，借助 AI 实现创新突破。梳理各学科历史研究资料，运用 AI 知识图谱技术构建知识网络，挖掘不同研究之间的潜在联系与发展脉络。

六、组织管理一体化

利用 AI 技术在管理过程中能提升管理效率，提升组织整体效能与协同创新能力，形成“技术赋能管理，管理反哺技术”的良性循环。

其一，促进组织架构的智能化重塑。构建灵活且高效的智能化组织架构。打破传统层级式结构，转向以项目为导向的矩阵型或网络型架构。设立 AI 创新中心作为核心枢纽，连接各业务部门与科研团队。

其二，推动管理流程的自动化与协同优化。利用 AI 技术实现管理流程的自动化与深度协同。在行政流程方面，通过自然语言处理技术搭建智能办公助手，自动处理文件审批、会议安排等事务；在业务流程上，构建端到端的流程自动化体系。

其三，助推人才管理的数字化与个性化。构建“能力—潜力—价值观”立体评价模型，建立数字化人才管理体系，借助 AI 深入洞察人才特点与需求。

其四，促进知识管理的智能化整合与共享。打造智能化知识管理平台，整合组织内外部知识资源。运用知识图谱技术梳理组织内部的业务知识、技术文档、项目经验等，形成结构化知识网络。

其五，保障决策支持的智能化升级。构建基于 AI 的智能决策支持系统，为组织管理决策提供科学依据。利用大数据分析技术收集与分析市场趋势、领域动态等多维度数据，通过机器学习算法建立预测模型。

第二章
汕头大学智慧教学融合理念与实践

人工智能与教学的融合是汕头大学教育改革的重点领域，学校在把握人工智能技术特征和教育发展需求的基础上，创造了汕头大学的 AI 教学融合理念，并进行了大量实践探索，积累了丰富的教学案例。

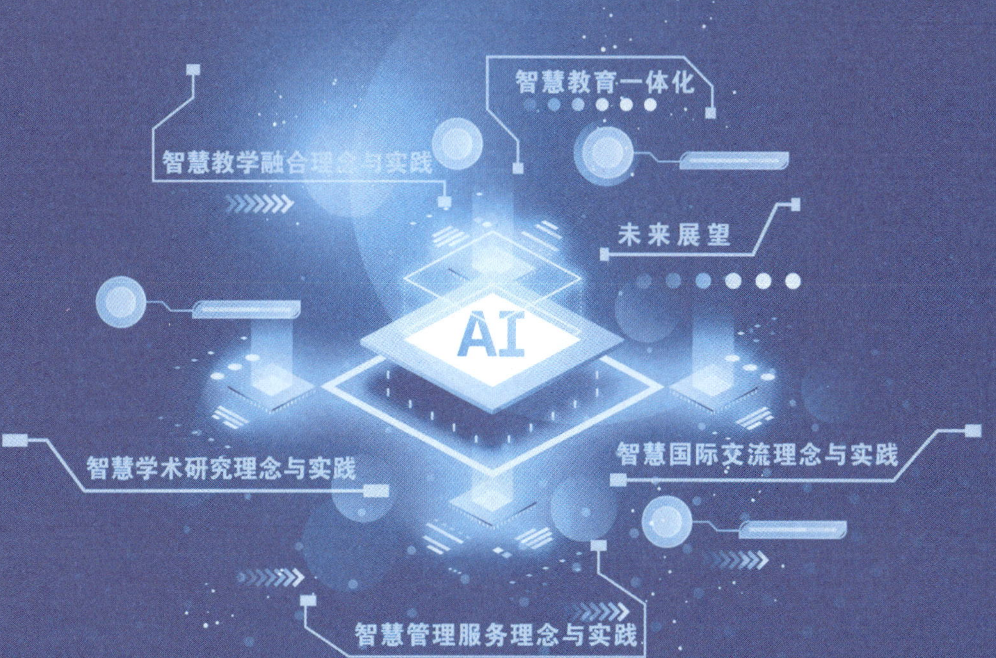

第一节
汕头大学 AI 教学融合理念

一、问题导向理念

教学问题是高校教育实践中各种矛盾和挑战的集中体现，反映了教育现状与需求之间的差距，为教育技术的进步提供了需求空间。高校必须以教学问题为导向，通过人工智能技术赋能，推动教学方法的改进、课程体系的优化、教师素质的提升、教育评价的转变。汕头大学的 AI 教学融合始终强调以教学问题为导向，不是为了应用 AI 而应用 AI，而是强调务实的原则，把传统教学的痛点和问题作为 AI 教学改革的靶点，解决传统教学的不足，切实提高智慧教育的质量。

二、学科融合理念

人工智能既是一种为教学带来革新的工具方法，也是一种具有很强交叉性的知识体系。高校既要让学生在人工智能教学应用中了解人工智能技术的特点，也要在专业课程中实现人工智能的知识交叉，带来教学方法的智能化和课程体系的交叉融合。将人工智能核心知识，如机器学习、深度学习、自然语言处理等，与其他学科专业知识有机结合，构建起跨越传统学科边界的全新知识体系，使学生具备从多学科视角解析复杂问题的知识储备。力求在人才培养目标、课程设置、教学方式等方面实现深度融合，制订融合多学科能力要求的人才培养目标，设计包含人工智能与相关学科课程的跨学科课程体系，培养大批适应人工智能时代发展的创新复合型人才，在全球教育竞争中抢占先机，推动高等教育事业迈向新高度。

三、智能素养理念

随着人工智能技术日益深入教育实践，教师和学生都面临着新时代的能力转型要求。智能素养不仅包括对人工智能技术的基本了解和使用能力，更强调在教学中对 AI 技术的理性认知、批判性使用及伦理责任的把握。汕头大学在 AI 教学融合过程中，注重全面提升师生的智能素养，将其视为推进智慧教育的基础保障。通过系统的师资培训、课程嵌入、项目实践等方式，增强教师对 AI 工具的理解和驾驭能力，使其能够根据教学目标选择合适的技术工具；同时，通过学生智能素养课程的建设，引导学生主动学习 AI 相关知识，在实际问题中理解其技术原理和应用价值，从而形成自主使用、判断风险、体现伦理的全面智能素养，真正实现“技术以人为本”的教育目标。

四、以生为本理念

智慧教育的根本目标是提升教育质量，更好地服务学生的全面发展和个性化成长。汕头大学坚持“以生为本”的核心教育理念，强调技术应用必须立足于学生需求和成长规律，以学生学习为中心，推动教学方式从“教为中心”向“学为中心”的深刻转变。通过人工智能技术的引入，实现对学生学习行为、学习风格和学习成效的深入洞察，为教师因材施教、分层教学提供数据支持。学校鼓励基于 AI 的数据分析与反馈系统，为学生提供精准、动态的学习建议和成长路径，帮助其实现自主学习与深度学习。同时，通过营造支持性学习环境，增强学生的参与感、获得感和成长体验，真正将 AI 转化为支持学生全面发展的有力工具。

五、精准分析理念

AI 技术的核心优势之一是对大数据的处理能力，为实现教育的精准化提供了技术支撑。汕头大学在 AI 教学融合中，积极探索“精准分析”理念的实践路径，利用学习分析、教育数据挖掘等技术，对学生的学习过程、学习成效和行为轨迹进行多维度、全过程的分析。精准分析不仅有助于识别学生的个性特征和学习困难，也为教学过程中的实时调节、资源推送和效果评价提供科学依据。通过建立教育数据平台、完善数据治理机制和提升教师数据素养，实现以数据为驱动的教学决策和学生支持，构建“以数据说话、以分析导教”的教育新生态，为教育教学质量的持续提升提供强有力的保障。

第二节
汕头大学 AI 赋能专业课程建设

AI 赋能专业课程建设是汕头大学智慧教学实践的核心。首先是 AI 提升教学效率。一方面是自动化任务处理，AI 可自动完成作业批改、成绩统计等烦琐工作，如利用图像识别和自然语言处理技术，快速准确地批改客观题和主观题，大大节省教师时间和精力，使其能将更多心思放在教学内容设计和学生个性化指导上；另一方面是智能辅导与答疑，AI 驱动的智能辅导系统能随时为学生解答问题，像智能语音助手可实时回应学生的提问，及时解决学生学习中的疑惑，避免问题积累，提高学习效率。

其次是 AI 提高教学质量。一方面是个性化学习支持，AI 通过分析学生学习数据，为每位学生定制个性化学习路径和提供针对性学习资源，实现因材施教，提升学生学习效果。另一方面是优质资源整合，AI 能够筛选出高质量的学术文献、教学视频、在线课程等，丰富教学内容，让学生接触到更广泛、更前沿的知识。

最后是 AI 助力教育研究。AI 分析大量教育数据，能发现教育教学中的规律和问题，为教育研究提供新的视角和方法。例如，通过分析学生学习过程中的行为数据，研究学生的学习心理和认知模式，为优化课程设计和教学方法提供依据，推动教育理论和实践的发展。

汕头大学在智慧专业课程方面具有丰富的实践经验，本书选择了其中的 16 个典型案例进行展示。

案例 1：AI 辅助“光学”课程建设

陈 敏

1. 痛点

其一，传统教学模式导致学生“数智”知识储备不足。传统光学教学中，学生在理论与实验结合、研究学习和实践仿真等方面能力欠缺，难以应对 AI 时代光电产业和研究领域的复杂问题。

其二，教与学资源欠智慧，“数智”教学没有实体抓手，效果不佳。传统课堂难以满足学生个性化学习需求，学生对智能化设计认识不足，教学学习效果不理想。

其三，教学平台欠缺。不同学校、不同层次学生同台学习的机会几乎没有，严重阻碍了学生拓宽视野、了解朋辈的机会。

2. 目标

其一，打造数智化教学平台，融合大模型技术，拓展学生学习资源的维度，打破学习科目的壁垒，提升学生的知识储备。

其二，建设数字化教材，结合富媒体技术和智能体设计，整合教学资源，提供新时代、新形态教材，使学生适应 AI 时代的发展要求。

其三，创立新型易课堂教学模式，联合国家智慧教育公共服务平台、SeeLight 光学系统虚拟仿真实验平台，提升学生“数智学习”教学效果，监测学情并开展深度数据挖掘，为学生学习和教师教学提供数字化实证支撑。（图 2-1）

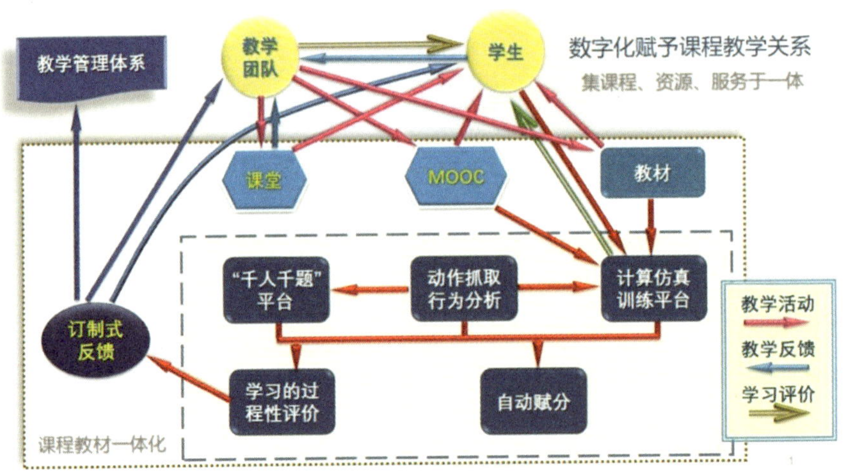

图 2-1　集课程、资源、服务于一体的数字化课程教学关系

3.AI 赋能

其一，打造数智化教学平台。以“101 计划”核心课程为核心构建知识图谱，在高等教育出版社智能体内构建知识图谱，并在虚拟教研室内开展知识图谱的分享和使用；开发研制具有知识产权的智能问答对 1000 个，作为大模型的训练基本资料，令大模型发展合乎真人版智慧，实现纵向虚拟和显示的无缝融合。

其二，在一流线上课程“光学”基础上，结合一流线上－线下“光学”课程建设经验，合并富媒体资源，编制了数字化教材《光学》（图 2–2），与中山大学合作出版。

图 2–2 “101 计划”核心教材“光学数字教材”封底

教材在内容上进行了更新、拓展，具有前沿性和应用性，同时融合了 AI 技术，将授课讲义 PPT、文本内容、课堂演示素材、H5 动画等薄片化，融入智能体（图 2-3、图 2-4），供给大模型运算和训练，旨在有效提升学生的自我学习和研修能力。

图 2-3　数字化教材部分内容 1

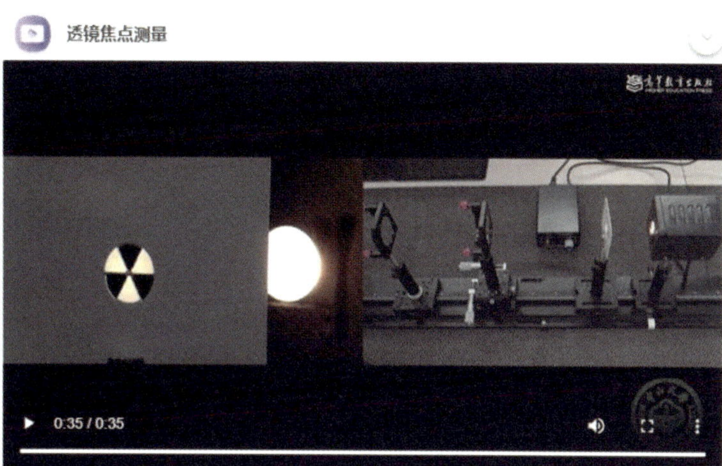

视 1　透镜焦点测量

通常提到的透镜，多指两个单球面折射系统的组合。连接两球面曲率中心点 C_1、C_2 的直线叫做透镜的光轴。两球面顶点的间距 O_1O_2 为透镜厚度 d，如图 1-3-1 所示。厚度 d 比两球半径、焦距的绝对值小得多的透镜叫做薄透镜。本节主要讨论薄透镜及其组合系统的成像规律。

虽然如此，目前绝大多数的干涉装置，主要还是将同一光源发出的光束分成两束（或多束），然后使这些光束经过不同的光程后叠加产生干涉。从同一个光束分离出几个光束的方法一般有分波面法和分振幅法两种。

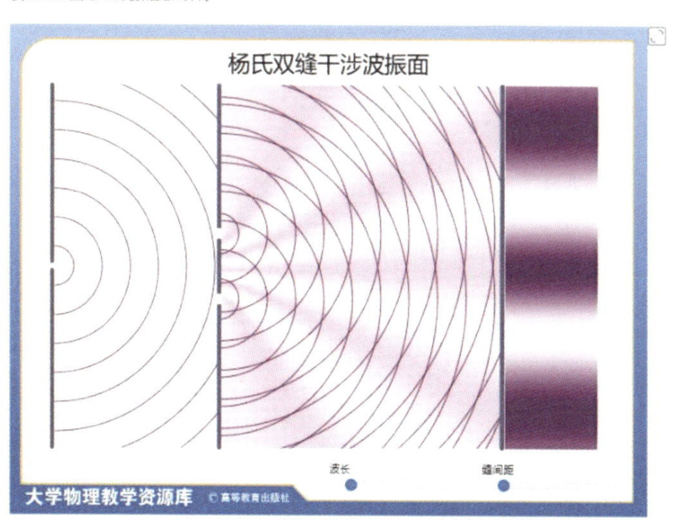

图 2-4　数字化教材部分内容 2

本数字教材于2024年10月出版，是“101计划”物理学领域首部上架的数字教材，创新融入智能体设计，能够适应学习者多样化的学习场景和工具需求，实现与客户端、教学系统的无缝对接。教材依托平台丰富的交互功能，不仅提升了学习者的学习体验，更产生了真实可靠的交互数据，为优化教材编写和课堂教学提供有力支撑。“学练一体”的设计理念，更是将理论学习与实践环节紧密结合，有效提升学生能力。

其三，创立“AI+”教学模式。智慧课程平台、“慕课西行”授课平台数智化教学服务监测平台，均构建了AI全程、全方位的伴学系统，为教学与学习提供智能支持。

平台具有同步课堂的功能，可实时嵌入演示实验，支持师生开展教学互动并分析反馈课堂教学情况; SeeLight推出了“千人千题”作业系统，并支持课下学习学情监测; 基于大模型研发的“空净能白”学伴助教，深度融合知识图谱技术，结合精心设计的薄片化人工精准问答对进行专项训练，显著提升大模型的准确性与适配性，为学习者提供可靠且灵活的智能辅助（图2-5）。

图 2-5　智慧课程平台功能展示

小结：以国家级教学名师牵头，带领国家级虚拟教研室骨干成员，搭建了数智化、跨地域、跨层次的课程教学平台，率先编写出版数字化“101 计划”核心教材《光学》，并开发了智能体学伴，实现了对国家智慧平台的个性化对接开发，落实对接同步课堂，探索了跨地域、跨层次的物理学教学新范式。

4. 创新之处

其一，先发优势显著，资源布局完善。依托国家级教学名师团队的底层构建，重构教学资源建设理念，开展数智化教学探究，形成“全局 AI 教学环境”，融合实验演示和光学设计，构建知识图谱和共享课程，推进“慕课西行”计划，拓展师生的“数智”知识。

其二，全面数智化教学，引领教学新范式。建设内嵌演示实验的双工互动的同步课堂网络，开展覆盖多个省域、多所学校的“数智全程融入式”联合教学实践，提升学生的数智化学习能力和学以致用的行动力。

其三，丰富教学理念，创新教研模式。在数字教材的基础上，结合虚拟教研室工作，开展线上－线下教研活动，运用“AI+”手段重塑教学方法，打造伴学系统，创新评价方式，激发教师和学生的学习动力。

5. 教学效果

其一，建设一拖 N 的同步课堂，在新疆、西藏、海南等省份推广，成效显著。本团队大力响应国家“慕课西行”计划，自 2020 年以来，累计同步授课超过千人。

其二，数字 AI 技术改进的一流线上课程将大幅度提升受益面。国家一流线上课程《光学》累计受益超 4 万人次，目前已经进行智慧课程改版，获益面必将大幅度提升。同时英文版慕课“OPTICS”已经出海到泰国和印尼，后续也将融入 AI 技术，成为中国高等教育深度融入 AI 的典型范例。

案例 2：AI 辅助“数字电路”课程

许　弢

1. 痛点

其一，学生学习兴趣不高。“数字电路”课程内容与生物医学工程等非电子类专业学生的背景脱节，缺乏工程场景，学生觉得“难理解”“无关联”“不实用”，导致学习积极性低下。

其二，知识应用割裂。传统教学以概念讲授和计算训练为主，缺乏思维引导，学生难以将所学知识与实际应用联系起来，知识迁移困难。

其三，工程感缺失。课程教学未能让学生建立起系统视野，对状态机、时序逻辑等抽象内容理解困难，学生缺乏工程实践意识。

其四，AI 使用低效。虽然 AI 工具流行，但学生缺乏结构化提问能力，无法高效使用 AI 工具辅助学习。

2. 目标

其一，提升学生主动学习能力。通过提示词引导，激发学生的学习兴趣，让学生主动思考课程价值和知识应用。

其二，增强工程实践意识。借助 FPGA 实践演示和跨学科项目设计，帮助学生建立工程直觉，提升工程实践能力。

其三，培养 AI 协同素养。引导学生使用大语言模型，通过 AI 学习日志机制，让学生学会高效利用 AI 工具，实现过程性评价。

3.AI 赋能

其一，提示词引导教学。设计“关键提示词”，从多维度启发学生思考，将提示词融入教学各环节，引导学生带着问题学习。

其二，AI 辅助自主学习与思维训练。引导学生使用大语言模型辅助学习，设计“AI 提示语模板”帮助学生结构化提问，通过“AI 学习日志”

掌握学生的学习情况。

其三，嵌入式 FPGA 实践演示。每节课引入 FPGA 视频演示，展示电路知识在医学场景中的应用，引导学生观察讨论，增强工程直觉。

其四，跨学科小项目设计。设置“基于 Vivado 实现霍奇金 - 赫胥黎模型”项目，让学生分组完成系统设计、仿真验证与功能演示，实现知识迁移和能力培养。

其五，教学应用优化。先在一个班级试点，根据 AI 日志数据分析调整提示词设计；之后全面推广，提升学生课程满意度和项目完成质量。

4. 创新之处

其一，创新教学模式。提出“提示词引导 +AI 赋能 + 项目实践”三位一体教学改革路径，以提示词驱动教学，引导学生建立系统知识结构。

其二，融合技术手段。引导学生使用大语言模型，通过 AI 提示词模板和学习日志制度，实现学习行为可视化、可反思、可评价。

其三，突破应用实践。推动 AI 从“工具型使用”向“认知引导型使用”转变，促进工科基础课从“逻辑计算”向“系统建模”升级。

其四，开发潜在成果。可发表教改论文，探索开发 AI 日志分析与教学数据可视化工具。

5. 教学效果

其一，应用成果显著。已在两轮教学中应用，覆盖百余名学生，提升了学生的主动学习能力、工程实践意识与 AI 协同素养，学生课程满意度和项目完成质量显著提高。

其二，推广前景良好。基于现有主流大语言模型和常规教学工具即可实施，可推广到其他高校相关课程以及更广泛的工科与交叉学科课程。

其三，社会经济价值凸显。推动高校教育理念和教学模式转型升级，服务新工科与智能人才培养战略，为教育信息化建设提供高效方案。

其四，示范引领作用突出。为“AI 赋能教学”提供可落地、可评价、可复制的路径，推动教师角色转变。

其五，风险防控有效。通过设计“结构化提问模板”与“反思型 AI 学习日志”，防范学生过度依赖 AI、提问能力弱化等风险。

案例 3：基于知识图谱与 AI 学伴的“概率论”课程

陈晓鹏

1. 痛点

其一，知识体系碎片化。传统概率论教学注重书本知识线性讲授，学生难以贯通衔接各知识点，需要将碎片化知识有机融合，以提升解决复杂问题的能力。

其二，个性化学习缺失。大班制教学无法满足学生个性化学习需求，难以根据学生的学习偏好、难点和需求精准推送学习材料和提供辅导。

其三，教学资源利用率低。课程虽有丰富线上教学资源，但传统教学难以充分利用，资源的有效性、实效性和前沿性难以保障。

2. 目标

其一，短期目标是构建知识图谱与 AI 学伴辅助系统，优化教学资源结构，提升学生的自主学习能力，满足个性化学习需求，目前已初步完成。

其二，中长期目标是实现教学过程大数据驱动，推动课堂教学动态化发展，优化概率论混合式教学流程，建立多维课程评价体系。

目标的理念与思路见图 2-6。

根据所提出的教学目标，本团队从课堂教学方法、学习资源建设及过程考核机制三个方面展开概率论课程的教学创新实践，并构建“学生自主学习+翻转课堂+有效融入课程思政内容+多维度的课程成绩评定方式”教学模式，从课堂教学模式、课程考核模式、学生学习模式和教学资源上探讨概率论课程教学的新方法和新举措。

图 2-6　理念与思路

3.AI 赋能

其一，优化线上教学。借助学堂在线平台，整合控制教学视频在 10 分钟以内，兼具实用性和趣味性，结合热门领域举办线上专题学习内容，通过问卷星设置学习小测试、收集反馈，教师据此调整教学策略。

其二，开展线下翻转课堂。教师依据线上学情反馈，采用启发式教学，组织学生讨论课程内容，深化学习，利用课堂点名器提升课程趣味性，调动学生积极性。

其三，搭建知识图谱和 24H 学伴辅助。构建概率论知识图谱，关联学习资源，帮助学生系统化学习；智能学伴随时提供帮助，助力学生理解和运用知识。

4. 创新之处

其一，建立完备多维度智能信息化平台。形成概率知识图谱智能化构建与应用体系，课前发布课程视频和练习小测，课后发布拓展资料和利用 AI 学伴答疑。

其二，构建以学生为中心的多维教学体系。将概率论知识结合应用背景，利用 AI 智能教育平台发掘问题，鼓励学生探究或合作解决，提升知识掌握和应用能力。

其三，采用多元评价方式。建立涵盖课前、课中、课后，线上、线下全过程的多维度评价方式，依托 AI 教育平台结合学习轨迹和能力大数据分析进行综合学习评价。

5. 教学效果

其一，学生满意度高。2021—2024 年学生对课程满意度不断提升，评教分数达到优秀，期末总评考核无学生不及格。

其二，教学质量提升。教师借助问卷星了解学情、调整策略，翻转课堂培养了学生的创新思维和能力，学生在相关竞赛中多次获奖。

其三，团队成果显著。课程团队成员负责的本科课程入选广东省一流课程，主持多项教育改革项目，获得多个教学奖项，发表相关教改论文。

案例 4：AI 技术赋能“结构力学”课程教学

王传林

1. 痛点

其一，资源分散无序：“结构力学”相关教材和线上慕课繁多，但内容重复、逻辑混乱。学生学习时缺乏系统性，难以构建清晰的知识框架，导致学习效率低下。

其二，教学难点难突破：课程中，静定与超静定结构的内力、位移求解是重难点。这些知识抽象复杂，学生难以理解，传统教学方法又无法让学生直观感受，使得学生在解题时困难重重，对计算结果也难以判断对错。

其三，个性化教学缺失：学生在学习能力、方式和兴趣上差异显著。部分学生对弯矩图绘制、结构位移理解等存在困难，而传统教学模式“一刀切”，无法满足学生的个性化需求，限制了学生的学习效果。

其四，师生沟通不畅："结构力学"课程知识点多、学时紧，学生人数多，教师精力有限，难以兼顾每个学生。学生遇到的问题难以及时解决，教师也无法全面掌握学生学习情况，导致教学效果不佳。

其五，考核工作量繁杂："结构力学"课程考核方式分为平时作业、期中考试、项目设计、线上学习以及期末考试。上述考核环节涉及的工作繁杂，大大增加了教师的工作量。此外，目前还没有有效考核课程思政教学成效的方法。

2. 目标

其一，利用 AI 整合教学资源，建立资源库，为学生提供系统、智能、个性化的学习内容，为教师打造专属备课指令。

其二，基于 AI 平台开发学伴智能体，辅助教师教学和评价，提高教学效率，帮助学生解答重难点知识。

3.AI 赋能

其一，学习模型构建。收集往届学生的学习数据，包括作业、试卷、项目设计等多维度信息，在智谱清言、抖音豆包、ChatGPT 等平台进行统计分析，以了解学生的学习特点和需求。

其二，智能教学系统开发。与 AI 平台合作，生成结构力学 AI 学伴智能体并设置丰富指令，将各类教学资源载入 AI 大模型；针对模型处理专业问题的缺陷，与 AI 平台沟通优化算法和参数。

其三，教学资源搜集。明确教学目标，以多种形式呈现教学内容，注重习题和案例库建设，涵盖不同难度知识点，满足学生学习需求。

其四，用户体验测试与优化。让研究生和高年级学生测试智能教学系统，根据反馈优化回答方式、增加互动环节。

其五，持续优化与更新。定期收集结构力学领域的最新成果和案例，融入教学资源，使学生接触前沿知识。

其六，数据分析与策略改进。利用数据分析工具，根据学生学习行为和教学效果调整教学策略，优化智能体辅导内容。

4. 创新之处

其一，创新教学模式。引入 AI 技术打破传统单一教学模式，借助 AI 学伴智能体和智慧教学等工具，形成“教—学—练—评”一体化互动式教学模式，增强学生自主学习能力。

其二，技术应用突破。在应用层面与 AI 平台合作，优化模型对结构力学专业问题的识别、理解和计算能力，推动教育信息化向智能化、个性化转变，处于业内领先应用水平。

其三，应用实践突破。实现教学过程全面优化，通过 AI 学习监督跟踪学生学习，调整教学策略；AI 辅助考核改变传统考核的滞后性；为课程教学改革提供范例，培养学生多种能力，提升综合素质和就业竞争力。

5. 教学效果

其一，应用成果显著。课程于2025年春季学期正式运行，通过智慧教学工具一键出题和即时测验掌握学生的学习情况，应用深度覆盖教学各环节，形成完整运行管理模式，为其他课程提供借鉴。

其二，社会经济价值凸显。培养的学生能满足行业对创新型人才的需求，推动土木工程行业发展；提高学生的学习效率，优化教学资源利用，创造间接经济效益。

其三，示范引领作用突出。为高等教育提供创新范例，在教学模式和技术应用方面为其他课程改革和教育信息化发展提供思路，引领高校探索课程数智化转型路径。

案例5：AI赋能“线性代数”课程

单 丽

1. 痛点

其一，教学内容编排笼统。未充分考虑不同专业对数学知识的需求差异以及学生学习能力和基础的不同，统一的教学内容无法满足多样化需求。

其二，教学模式传统单一。大班授课以理论讲授为主，缺乏与学生的互动，难以调动学生的学习积极性。

其三，教学内容更新滞后。未及时融入数学领域前沿研究成果与实际应用案例，重理论轻实践，导致学生实践和创新能力不足。

其四，课后辅导机制不健全。教师精力有限，无法为每个学生提供个性化辅导，影响学生学习进度。

其五，考评方式单一。过程监控不到位，期末一考定成绩，致使学生平时不认真学习，考前突击现象严重。

2. 目标

利用 AI 赋能推动“线性代数”课程改革创新，探索个性化教育，构建“师—生—AI 协同课堂”，形成“师生共学习共成长”的教育生态，培养具有创新、学习、解决问题和适应未来能力的新时代大学生，全面提升教学质量和学生综合素养。

图 2-7 为“线性代数”AI 课程建设总体设计，其着眼点为师生的 AI 素养提升、AI 时代的师—生—机协同、教与学模式创新、未来创新性人才培养。

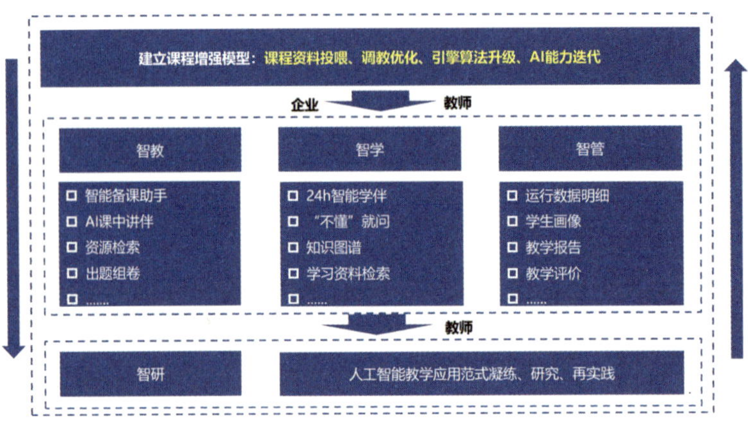

图 2-7 “线性代数”AI 课程建设总体设计

3.AI 赋能

其一，智教方面。教师借助 AI 智能备课，生成课程思政设计和 PPT，实现一键出题、组卷和测试；课中利用 AI 讲伴辅助知识点讲解，通过智能资源检索扩展应用案例，丰富课堂内容。

其二，智学方面。借助 24 小时智能学伴随时答疑，实现个性化学习；学生点击 PPT 中“不懂”之处，AI 可及时解答；利用知识图谱梳理知识体系，完成自主学习和题目自测。

其三，智管方面。依据 AI 提供的教学数据反馈，追踪学生实时学情，及时调整教学策略和侧重点，构建“师—生—AI”人机协同、共学习、共成长的教育新生态。

4. 创新之处

其一，重构课程体系。优化顶层设计，满足学生多元需求，强化知识系统性，注重跨学科关联整合，实现从传统教—学对立型教育向“教师 /AI—学生”协同自主型教育转变。

其二，革新教学模式。以问题为中心开展案例式教学，借助 AI 实时追踪学情并动态调整教学策略，打造丰富多元的学习体验，实现从传统课堂到“师—生—AI”协同课堂的创新。

其三，健全课后辅导机制。启动智能助教，提供多角色、多途径的课后辅导，为学生及时解答问题并提供学习建议，提高学习教学效果。

其四，优化课程资源与评价体系。打造 AI 学习空间，建立多元评价体系和过程性评价指标，全面多维度评价学生的学习情况，促进学生持续有效学习。

案例6：AI辅助“建筑设计”课程教学

张翠娜

1. 痛点

其一，学科壁垒导致学生“数智”知识储备不足。传统建筑学教学中，学生在数学、编程、数字化设计方法等方面知识欠缺，难以应对AI时代智能设计问题。

其二，设计技术滞后，学生“数智”设计能力缺乏。建筑设计教学过程中，学生接触智能化、算法生成等创新方法较少，无法有效锻炼数智设计能力。

其三，教与学欠智能，“数智”学习教学效果不佳。建筑学教育体系智能化转型滞后，学生对智能化设计认识不足，传统课堂难以满足学生个性化学习需求，学习教学效果不理想。

2. 目标

其一，打造AI教学平台，融合“数智设计”知识，打破学科壁垒，提升学生的知识储备。

其二，建立AI设计流程，锻炼学生的“数智设计”能力，使学生适应AI时代设计需求。

其三，创立“AI+”教学模式（图 2-8），增强学生“数智学习”教学效果，提高学生的学习质量和学习兴趣。

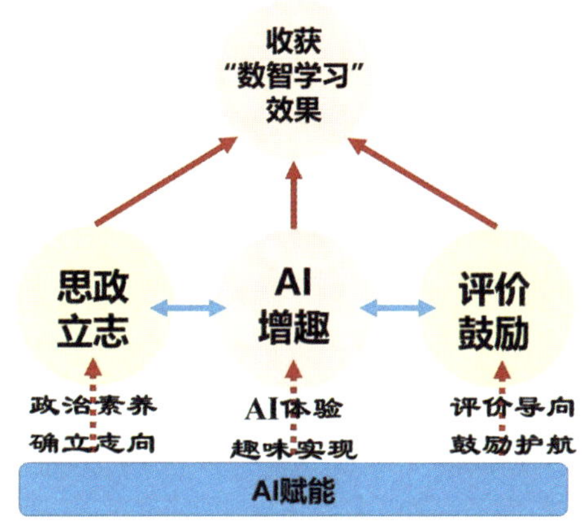

图 2-8 “AI+”教学模式

3.AI 赋能

其一，打造 AI 教学平台。构建“数智设计”知识图谱，通过课程群建设融合多门课程实现资源共享，在联盟课程平台植入数智课程内容；重构“数智设计”模块，融入数智知识，完善教学文件；开拓交叉融合“大设计”，实现纵向联合与横向融合。

其二，建立 AI 设计流程。打造“AI 全程融入”的设计流程，在方案设计各步骤融入数智技术；培养“AI+ 情感并驱”的决策能力，修正和润滑学生的设计思维；联动数智项目，强化学生数智设计思维。

其三，创立“AI+”教学模式。通过思政“立志”，利用 AI 提取思政要素，帮助学生树立正确志向；AI“增趣”，打造伴学系统和趣味教学板块；鼓励式“过程”评价，采用多种考核方式促进学生参与 AI 设计。

图 2-9 所示为本案例的 AI 应用框架。

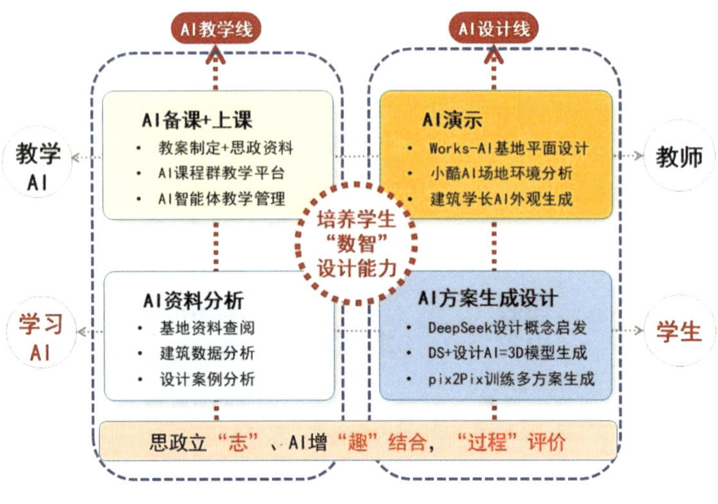

图 2-9　AI 应用框架

4. 创新之处

其一，重组教学内容。通过“AI 教学线”，融合建筑学与数智技术，构建交叉式教学内容，形成知识图谱和共享课程群，拓展学生的“数智”知识。

其二，重塑教学模式。借助“AI 设计线”建立“数智全程融入式”教学过程，结合产学研项目，提升学生的设计能力和数智思维。

其三，革新教学方法。运用“AI+”手段重塑教学方法，赋能思政教育，打造伴学系统，设置趣味板块，创新评价方式，激发学生的学习动力。

其四，技术突破。建构“教学 AI+ 学习 AI”并驱的 AI 应用框架，探索数智时代建筑设计课堂的 AI 应用技术。

其五，应用实践突破。探索 AI 生成建筑设计方案，培养学生“AI+”

创新思维，提升学生创新性学习和思维能力。

图 2-10 所示为新旧建筑设计模块的对比。

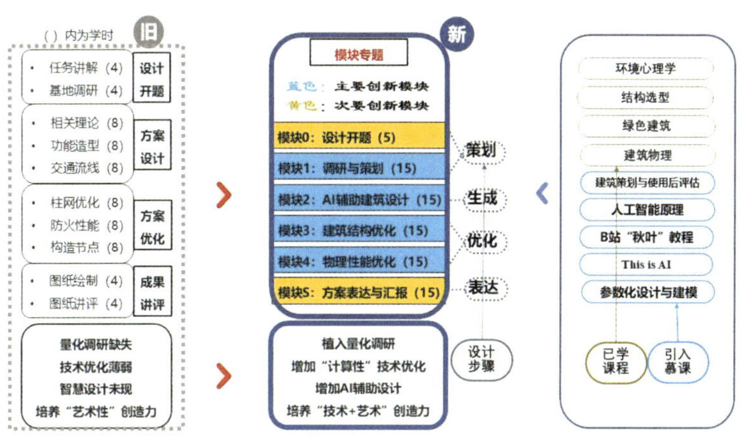

图 2-10　新旧建筑设计模块模块对比

5. 教学效果

其一，校内推广成效显著。多门建筑学专业课和通识教育课采用此教学模式，累计选课人数超 200 人。

其二，校外推广持续推进。相关项目在粤港澳大湾区高校在线开放课程联盟平台实践并推广，入选省内首批“人工智能 + 高等教育”经典案例。

其三，社会经济价值凸显。AI 辅助设计方法可科普示范大众设计，有助于城市更新和乡村旧改节约成本。

其四，示范引领作用突出。为高等教育设计类课堂在教学资源建设、学生分析、设计过程指导、学生创作及 AI 与专业学习结合等方面提供示范。

其五，获得多项荣誉。获得汕头大学第三届教师教学创新大赛特等奖、第四届全国高校教师教学创新大赛广东分赛暨广东省高校教师教学创新大赛现场决赛三等奖等。

其六，收获学生好评。课后受到学生好评，得到雨课堂后台数据的证明。

案例 7：“水污染控制工程”课程 AI 学伴实践

宋海红

1. 痛点

其一，知识内化与能力生成脱节。传统课堂以单向理论讲授为主，学生被动接受水污染控制工程的知识点，如活性污泥法、脱氮除磷原理等，但缺乏自主探究与将理论转化为工程实践的能力，存在“懂理论不会设计”的问题。

其二，规模化教学与个性化指导失衡。大班教学中，教师难以动态追踪数十名学生的真实学情，对“隐性学情群体”，如课堂沉默但具探究潜力者、应付任务的“伪学习者”，缺乏识别与干预工具，教育公平性难以保障。

其三，终结性评价与过程性成长割裂。考核过度依赖期末考试与设计终稿，忽视学习过程中的知识延展性思考、方案迭代逻辑等高阶能力表征，评价结果片面且无法反哺教学优化。在线上线下混合式教学模式中，这些问题进一步凸显，如线上学生观看视频的完成度与知识内化教学效果难以量化，线下项目设计易出现“搭便车”与低水平重复，传统教学数据无法穿透学习黑箱，导致评价失真与教学决策滞后。

2. 目标

其一，破解知行脱节：需通过“理论—项目—数据”闭环，推动知识向工程能力转化.

其二，实现精准教育：需借助智能技术穿透学情盲区，破解规模化与个性化的二元对立。

其三，重构评价范式：需以过程性证据替代分数导向，契合工程教育认证对“复杂问题解决能力”的评价要求。

基于此，改革目标聚焦以下三方面：

其一，教学模式革新：构建“智能学伴驱动的 PBL 混合式框架”，线上通过知识图谱导航理论探究，线下以项目实践牵引知识应用，数据智能桥接两者形成闭环。

其二，学情管理升级：利用 AI 学伴记录的交互深度（如追问频次、延展学习时长）、行为轨迹（如视频观看时间、设计工具使用路径）构建学习进程图谱，实现隐性学情可视化，支撑教师精准干预。

其三，评价体系重构：将考核权重向过程性指标倾斜（如理论迁移准确率、方案迭代增值度、协作贡献透明度），建立“能力成长档案”替代传统分数评价。

3.AI 赋能

其一，需求分析与框架设计。通过问卷调查、师生访谈及历史教学数据分析，梳理出传统教学数据盲区、PBL 项目指导不足与评价体系失真等痛点，明确智能学伴的学情穿透、过程追踪、个性化引导三大功能需求，设计“理论—项目—数据”闭环的混合式教学框架，以数据智能驱动教学。

其二，智能学伴功能应用与数据解析。借助 AI 工作平台的智能学伴，整合教学资源，包括关联精品课程视频、创建项目案例知识库、映射跨学科资源；采集学习行为数据，如学生日均使用时长、高频提问知识点等，为教学提供数据支持。

其三，学情分析与干预。教师结合平台数据，定位共性薄弱点，如通过“高频错题统计”锁定问题章节；调整教学策略，增加课堂测试频次、推送补充学习材料；监督个体学习，对学习时长不足或未提交作业的学生进行约谈和扣分。

其四，教学场景应用与教学调整。线上利用 AI 平台预设问答功能辅助翻转课堂教学；线下通过 AI 平台实现项目资源分发、进度监控、预警反馈和贡献度评价；根据平台数据动态调整教学，增加讲解环节、推送练习、约谈学生、激励优秀学生；针对不同学生实施个性化干预。

其五，教学效果观察与改进方向。观察教学改进情况，如学生学习行为改善、教学响应提速；收集师生质性反馈；确定进一步研修数据看板用法、标准化干预策略等持续改进计划。

4. 教学效果

其一，应用成果：形成可复制的“数据智能＋工程教育”融合范式，已在汕头大学环境工程专业“水污染控制工程”等3门课程中深度应用，未来可向其他工科专业拓展。

其二，社会经济价值：培养的学生具备更强的工程实践能力，能更好地满足社会对工程专业人才的需求，推动相关行业发展；提高教学效率，优化教育资源配置，产生间接经济效益。

其三，示范引领作用：为高等教育领域提供了创新的教学模式和技术应用范例，尤其是在工程教育方面，对解决教学痛点、推动教育数字化转型具有示范意义，可引导其他课程借鉴其经验进行改革。

案例8：AI辅助“汉英翻译”课程

原明明

1. 痛点

AIGC凭借强大的文本生成与内容生产能力，深刻影响着知识密集型产业与高等教育体系，为教学创新和人才培养带来了前所未有的机遇与挑战。

2. 目标

面对人工智能的革新浪潮，高校翻译课程亟须主动转型，将 AI 工具科学地融入课程设计与人才培养体系中，通过教学设计创新、AI 素养教育与人机协同训练，培养学生在真实语境中批判性、创造性地使用 AI 工具的能力，构建符合时代需求的智能翻译人才培养新模式。

本案例的实施目标如下：

其一，重塑人机协同下的教学关系。以人机协同为导向，重新定义人工智能时代教师与学生的角色定位，推动教师从知识传授者向学习引导者、技术整合者转变，促进学生由被动接受者向主动探究者、AI 批判性使用者转变，构建“师—生—技术”三元共生的新型教学生态。

其二，构建智能融合的翻译教学体系。在传统翻译课堂基础上，系统整合生成式人工智能工具与翻译业界普遍使用的计算机辅助翻译技术（Computer-Assisted Translation，CAT），在教学全过程中有机融入翻译数智素养，探索适应人工智能时代的“教学—学习—评价”一体化翻译课程体系。

其三，践行国家文化战略。服务于“中华文化走出去”国家战略，充分发挥 AI 技术在语言服务和国际传播中的潜力，将翻译能力培养与人文素养、信息素养、价值观教育相融合，培育具备跨文化传播能力、国际视野与家国情怀的新时代复合型翻译人才。

3.AI 赋能

本案例以汕头大学文学院汉英互译课程为依托，将翻译数智素养融入教学，采用项目教学法（project-based learning，PBL）组织课堂，通过在线智能翻译管理平台统领课程的核心模块。案例的主要举措如下：

其一，重塑人机协同下的教学关系。本案例借鉴 Kim 等（2022）关于教育场域中人机互动关系的研究视角，重新定义了人工智能时代教师、学生与 AI 三者之间的动态关系。（图 2-11）

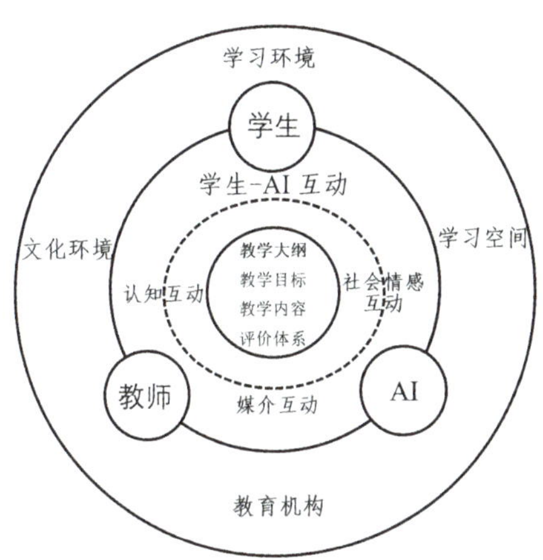

图 2-11　人工智能时代的“师—生—AI”动态关系（Kim 等，2022）

其二，构建智能融合的翻译教学体系。

（1）本案例在相关研究基础上（Rico & Torrejon，2012；冯全功、刘明，2018），提出翻译数智素养能力三维模型（图 2-12），包括认知与态度、知识与技巧、工具与技术三个维度，课程项目的设计将围绕翻译数智素养的培育展开。

图 2-12 翻译数智素养能力三维模型

（2）为模拟数智时代的翻译行业生态，本案例采用 YiCAT 在线智能翻译管理平台组织教学。课程包括翻译技术模块、翻译能力模块和翻译项目模块三部分。各部分之间互相关联，由翻译项目统领各课程环节。课程设计思路如图 2-13 所示：

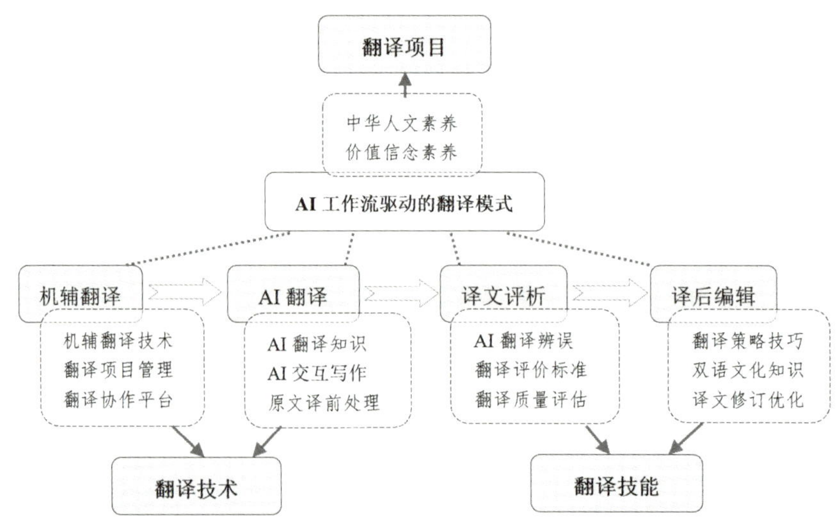

图 2-13 人机协作模式下汉英互译课程设计思路

（3）课程以翻译技术、翻译技能为明线，以中华文化素养、“翻译中国”能力为暗线组织内容。翻译技术模块涵盖机辅翻译、AI 翻译的主要知识，同时对信息化时代的翻译项目管理和翻译云平台协作进行演示；翻译技能模块围绕双语文化知识、翻译的原则与标准、AI 翻译质量评价、翻译策略技巧、译文修订等主题展开。

课程采用形成性评价体系，通过翻译成果展示册（10%）、翻译技术工作坊（10%）、人机协作翻译（20%）、翻译项目与报告（60%）等多种渠道收集对学习过程的评价（图 2-14）。

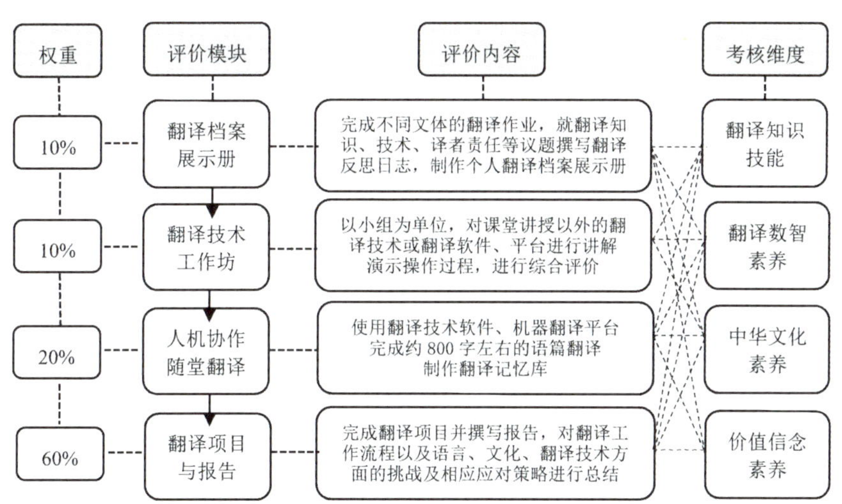

图 2-14 人机协作模式下的汉英互译课程评价体系

其三，践行国家文化战略，培育文化认同。

4. 创新之处

其一，主要创新内容：

（1）响应时代精神，促进翻译强国。在文化强国背景下，本案例将中华文化素养融入育人体系，通过翻译实践培育文化素养与家国情怀，培养“翻译中国”的能力，在教育理念上践行我国文化战略。

（2）促进人机协作，融合科技人文。案例紧跟人工智能浪潮，将翻译数字素养与翻译知识技能结合，“道”“器”并重，以人赋慧于机器，以机器赋能于人，有效融合人文精神与科学素养。

（3）依托项目教学，实现价值引领。本案例以中华文化、中国故事、中国国情为主题开展翻译项目，通过本土素材激发学习兴趣，将翻译能力的培育与家国情怀养成、价值观塑造相结合。

（4）革新教学模式，确立学生主导。本案例以教师为引导、学生为中心、AI为辅助组织课堂，重建人工智能时代教师、学生与AI的动态关系，鼓励个性化学习与合作学习，培养探索精神、合作精神、审辩性思维，激励学生养成自主学习能力。

（5）模拟行业生态，推进校企接轨。案例借助在线智能翻译管理平台，模拟人工智能时代的翻译行业生态，通过以学生为主体，课堂为主导，翻译实践平台为辅助的模式，进行复合式育人，深化产教融合。

（6）实施多元评价，坚持全面育人。案例课程采用形成性评价体系，使用翻译档案展示册、翻译技术工作坊、人机协作翻译等多样化评价方式，捕捉、促成学习过程中的知识、能力、素养方面的真实进步，践行全面育人。

其二，应用实践突破内容：

（1）以研促教。提升课程团队翻译数智素养。本案例的课程负责人先后主持“机辅翻译在传统翻译课堂的引入”“人工智能时代高校翻译课程对译后编辑能力的培育”两项省级高校教学改革项目。自 2018 年以来，课程团队成员先后参加“全国首届翻译技术课程及教学设计研修班”“语言智能工程师培训班”“DeepSeek 赋能翻译技术融合应用专题研修班”等系列专业培训。

（2）考核求新，提升 AI 自我学习能力。在课程考核体系设计方面，课程突破传统试卷测评模式，构建以 AI 技术赋能为导向的多元评价体系。课程考核包括人机协作翻译实战项目，要求学生运用 SDL Trados、memoQ 等 CAT 工具，同时使用 DeepL 等 AI 翻译引擎协同完成翻译项目，综合考察学生的翻译技术使用、翻译质量评价、译后编辑策略等能力。

同时，课程通过翻译技术工作坊，要求学生分享智能翻译技术学习成果，促进学生的技术迁移能力和 AI 自我学习能力。通过翻译档案展示册，记录学生的翻译学习心得和技术应用轨迹。

5. 教学效果

其一，本案例教学成效突出。

（1）从 2018 年开始在翻译课程中融入技术模块至今，已连续面向 7 届本科生开设课程；

（2）课程组紧跟技术发展，不断更新迭代课程。案例负责人获全国首届翻译技术课程设计大赛一等奖、广东省教育教学改革优秀案例等奖项，并多次在学术会议上分享改革成果，获得校内外同行一致好评。

（3）课程负责人受汕头外语翻译协会、汕头公共翻译协会邀请，为粤东翻译从业者、中小学教师举办翻译教学素养讲座，听众反响热烈，示范效应显著。

其二，社会经济价值。

在“一带一路”倡议、粤港澳大湾区建设背景下，本案例通过在翻译课程中融入 AI 技术，培养具备技术素养与跨文化传播能力的翻译专业人才，为粤东地区外贸、文化产业的发展输送复合型外语人才。同时，技术赋能的翻译人才也在服务国家文化战略中发挥关键作用，通过翻译架设桥梁，促进粤东文化和中华文明更好地走向世界。

其三，整个高等教育领域的示范引领作用。

2022 年，本案例依托“汉英翻译”课程在课程建设、课堂教学、思政元素融入和信息化技术应用方面表现优秀，入选校一流本科课程，并于同年入选广东省一流本科课程。

在人工智能迅速发展的背景下，本案例通过“道”“器”并重的思路，将翻译技能与翻译技术紧密结合，引导学生以技能引导技术，以技术完善技能，实现人文精神与科学思维的有效融合，是新文科视野下 AI 赋能课程的发展方向的有益探索。

案例 9："创作—鉴赏—批评"三维智能生成式"文艺评论"课程

黄继刚

1. 痛点

其一，学科壁垒固化。传统课程多局限于文学理论单向灌输，与数字技术、跨媒介创作实践严重脱节，难以回应 AIGC 技术引发的艺术生产变革。

其二，评价体系滞后。现有文艺评论课程仍依赖 20 世纪经典理论教材（如朱光潜《西方美学史》），缺乏数字前沿内容（如算法美学、生成艺术的伦理争议）的阐释分析。教学评价侧重静态文本分析，缺乏对技术伦理思辨、人机协作创新等新兴素养的考查标准。

其三，伦理教育缺位。人工智能生成内容的著作权归属、价值偏见渗透等问题凸显，但现有课程鲜少提供系统的数字人文批判训练，导致学生面对技术冲击时存在认知盲区。

2. 目标

培养人工智能时代的文艺评论人才，既需掌握人机协作创作能力，又须具备对技术文化的批判性思考，从而弥合人文教育与技术变革之间的结构性断层。

3.AI 赋能

其一，通过 AI 文本转语音技术，数字人复盘章节知识点，将传统的课程内容转化为更加生动的虚拟课程。

其二，通过引入 24 小时 AI 智能体，为学生提供的一对一伴随式学习支持，包括互动答疑、测试题的生成和智能批改等。

其三，利用数据大模型与作家、理论家进行场景式对话，建构虚拟数字场景，提升课堂交互性。

其四，利用 DeepSeek、豆包、KIMI 等软件的文生图功能，以及可灵 AI、剪映等软件的图生视频功能建构多元化的教学资源。

4. 创新之处

其一，主要创新内容：

（1）具体教学的创新举措。包括以下：通过 AI 文本转语音技术，数字人复盘章节知识点，将传统的课程内容转化为更加生动的虚拟课程；通过引入 24 小时 AI 智能体，为学生提供的一对一伴随式学习支持，包括互动答疑、测试题的生成等；利用数据大模型与作家、理论家进行场景式对话，建构虚拟数字场景搭建，提升课堂交互性；利用 DeepSeek、豆包、KIMI 等软件的文生图功能，以及可灵 AI、剪映软件的图生视频功能建构多元化的教学资源；利用雨课堂一体化平台实时进行学情监测，智能分析学生学习动态，并完成试卷库、预习资料库、视频资源库、学生思维导图等学习资源构建。

（2）创建三维动态教学体系，实现“创作—鉴赏—批评”全流程数据驱动型教学闭环，突破传统单向线性教学框架。通过 AIGC 生成与人类创作的实时对比分析（如 ChatGPT 生成文本与学生习作的风格差异可视化），实现教学反馈周期从周级压缩至分钟级，形成动态迭代的教学优化机制。

（3）构建虚实融合教学场景，比如利用 AI 生成技术创建“经典作品数字孪生库”，支持学生通过调整 GPT 模型参数（如主题权重）直观观察《红楼梦》不同续写版本的叙事逻辑演变，将抽象文学理论转化为可交互的实验。

（4）跨学科协同创新，打造文理交叉教研机制。系统构建 AIGC 技术与文艺评论课程的深度耦合机制，突破传统人文学科与技术工具的割裂状态。通过算法模型（如风格迁移、语义分析）实现文艺创作与批评的量化研究，设计学科知识图谱融合架构，将文艺理论（如接受美学）转化为计算机可识别的语义网络节点，实现人文概念与技术参数的映射转换。例如，将俄国形式主义的“陌生化”理论量化为文本复杂度、词汇新颖度等 12 项指标，支持 AI 辅助创作教学科学化实施。

其二，应用实践突破内容：

（1）通过构建“技术赋能 + 人文引领”的新型教育模式，响应国家新文科建设战略，为文科数字化转型提供实践范式。项目将 AIGC 技术深度融入文艺评论课程体系，破解传统人文学科教学手段单一、产教融合度低的痛点，推动高校形成可复制的“智能 +”文科课程改革方案。

（2）项目着力培养具备数字素养的复合型人才，精准对接国家文化数字化战略需求。通过“AI 辅助创作—数据驱动鉴赏—算法增强批评”的全链条训练，使学生既掌握文本生成、情感计算等技术工具，又保有审美判断与价值批判的人文内核，为文化创意产业输送懂技术、通人文的跨界创新人才。

（3）项目构建的技术伦理教育体系具有引领价值。通过建立 AI 生成内容标注规范、版权溯源机制及算法审查流程，为高等教育领域人工智能应用提供风险防控样板，助力解决技术滥用、学术诚信等共性难题，推动形成健康可持续的智慧教育生态。

5. 教学效果

其一，科研成果。用“词汇棱镜”的数字人文方法指导本科生在北大中文核心《内蒙古大学学报》（2024 年第 2 期）上发表论文。学生作品《挖掘文旅资源，助力乡村振兴——樟林古港景区导航系统开发及文创设计》已经于 2024 年“五一”假期前进入调试应用阶段，《侨韵兴村——打造东里镇文化振兴新模式》被广东省委宣传部授予 2023 年广东省青年大学生“百千万工程”省级“重点团队”。此外，还被广东省学联授予广东省级“优秀团队”。

其二，人才培养。预计每年为影视、游戏、数字出版等产业输送数百名精通 AIGC 工具、擅长跨媒介叙事的创新型人才，直接提升文化内容生产效能，降低企业技术转型的培训成本。

其三，示范价值。教学范式转型样本："AIGC 深度嵌入 + 人文内核守护"的混合式教学模式，为文科数字化转型树立典范。通过"创作—鉴赏—批评"智能教学模块，解决传统人文课程应用碎片化难题，教学效率提升 35%。跨学科融合创新路径：构建"文学 + 计算语言 + 伦理学"的教研团队运作机制，形成学科交叉标准流程，助力破解学科壁垒，推动其他课程启动类似改革。技术伦理教育标杆：建立 AI 生成内容标注系统、版权溯源区块链平台及算法偏见审查机制，促进智慧教育健康发展。

案例 10：基于智能体问答系统的"感染与免疫"课程

辛　岗

1. 痛点

其一，传统医学教育难以兼顾学生个体差异。而医学领域知识体系复杂，不同学生在学习能力、临床兴趣和职业规划上存在显著差异。

其二，知识更新压力大。医学知识更新周期不断缩短，传统教学模式只能通过增加学时来应对海量信息。因此医学课程的学习负担非常重，而忽略了对能力的培养和构建。

其三，学生自主学习能力培养有所欠缺。

2. 目标

其一，破解个性化教育困境：从“千人一面”到“因材施教”；

其二，应对知识爆炸的挑战：从“记忆型学习”到“批判性思维”；

其三，重塑自主学习能力的培养：从“被动接受”到“主动探索”。

3.AI 赋能

其一，通过知识图谱、能力图谱和问题图谱，实现课程内容的可视化与结构化，涵盖 211 条知识点，为学生提供精准学习资源。

其二，24 小时智能学伴累计已使用 1 万余人次、835 小时，覆盖 55% 的学生，随时解答疑问，提升自主学习能力。

其三，83 个智能体组成的案例式问答系统，促进多学科知识整合，培养临床思维与职业素养。

其四，指令中心集成 AI 出题、相似知识点比较、案例库等功能，全方位助力学生学习。

4. 创新之处

其一，开发案例式智能体问答系统，促进医学知识的整合与应用，培养学生以患者为中心的职业素养。

其二，创建“双师”教学模式，实现教师与 AI 的协同教学。开发 24 小时在线的 AI 智能学伴，能够及时、准确地解答学生在学习过程中遇到的问题。教师与 AI 智能学伴协同工作，形成“双师”教学模式。

其三，构建智能化、个性化的课程教学体系，促进和实现学生个性化学习。通过开发课程知识图谱，以智能化的方式展示“感染与免疫”课程知识点之间的关联，使学生能够直观地理解课程内容的逻辑结构和内在联系。同时利用人工智能根据学生的个体差异、学习进度和兴趣爱好，精准推送个性化的学习内容和资源。

5. 教学效果

其一，应用规模与深度广度。课程已覆盖医学院二年级医学生，55% 的学生使用了智能学伴，累计使用时长 835 小时、1 万余人次。课程内容涵盖 211 个知识点，构建了知识图谱、能力图谱和问题图谱，实现了知识点的可视化、结构化呈现。智能体数量已达 83 个，案例库包含 80 余个经典和前沿案例。

其二，该课程作为国家级一流本科课程和首批教育部输出海外的慕课课程，具有较高的知名度和影响力。

其三，社会经济价值凸显。通过 AI 技术的融入，为学生提供个性化的学习体验；借助在线教育平台和智能技术，使优质医学教育资源能够更广泛地传播；培养具备批判性思维和创新能力的医学人才。

其四，示范引领作用突出。开发案例式智能体问答系统，促进医学知识的整合与应用，培养学生以患者为中心的职业素养；成功应用 AI 技术构建知识图谱、案例库、案例式智能体等。

其五，获得多项荣誉。如图 2-15 所示。

1. 粤港澳大湾区高校在线开放课程联盟智慧课程项目，感染与免疫，2025 年
2. 全国高质量医学教师教学发展在线课程，感染与免疫，2025 年
3. 国家级一流本科课程，感染与免疫，2023 年
4. 广东省线上线下一流课程，医学微生物学与免疫学（全英），2023 年
5. 广东省课程思政教学示范课堂，感染与免疫，2022 年
6. 英文版慕课上线印度尼西亚国家慕课平台，Medical Virology，2022 年
7. 广东省课程思政教学示范团队，感染与免疫课程团队，2021 年
8. 广东省线下一流课程，感染与免疫，2020 年
9. 汕头大学医学院线上一流课程，医学微生物学，2020 年
10. 学堂在线国际版慕课，Medical Virology，2020 年

图 2-15　基于智能体问答系统的“感染与免疫”课程所获得的荣誉

案例 11：基于 AI 知识库与知识图谱的“病理学”课程

刘淑慧

1. 痛点

其一，学习过程力不从心：学生心向临床知识，缺乏临床环境，临床思维难建立（87% 学生认为病理知识点众多，记忆困难，难以建立系统临床思维）。

其二，学习进度参差不齐：个性化学习需求高，急需优质案例式数字化学习资源（90% 学生认为病理尸检案例和病理数字切片资源是帮助学习、引发思考的核心教学行为）。

2. 目标

其一，旨在进一步打破传统学科壁垒，系统组织教学资源，深化学科交叉融合，满足师生教学、实践以及创造需求。

其二，本项目致力于构建智慧课程教学场景，探索多模态数据驱动的个体全方位动态评价体系，开展实践与评价工作，持续更新优化内容，逐步形成长效发展机制。

3.AI 赋能

课程已初步完成病理学 AI 课程的数字化资源建设与智能化改造。

其一，多模态资源整合病理学知识库建设：全面汇聚病理学相关的文本教材、讲义课件、图像资料（如病理大体标本图、病理切片图等）、音视频讲解、配套习题及相关论文等多种模态的资源，打破传统单一资源类型的限制，已初步形成一个丰富多元的涵盖 187 个文件的数字病理学知识库。

其二，多维课程图谱建设：利用人工智能技术进行知识抽取、关联和分析，构建多维度课程图谱（知识、能力、问题图谱），目前已初步建成涵盖 800 个知识点的课程知识图谱。

其三，课程指令库建设与优化：利用师生共建 AI 课程策略，在充分了解学生学习需求的基础上，邀请学生参与开发与优化 AI 课程的交互指令，目前已建成并优化指令 53 条。学生可根据自身的学习需求，在 24 小时智能学伴的引导下形成个性化学习方法。

4. 创新之处

其一，主要创新内容：

（1）教学资源与内容创新。多模态资源整合，形成一个丰富多元的数字病理学资源库；设计科学合理的病理学知识图谱架构，运用自然语言处理、机器学习等技术，从多模态资源中准确抽取病理学知识，构建高质量的知识图谱三元组，帮助学生清晰地理解病理学知识体系和内在联系；拓宽医学生的人文视野，加深其对病理学在医学人文关怀中的理解和认识。

（2）教学模式与方法革新。应用 AI 工具实现教学智能化体验，推动人工智能技术融入教学全过程；探索基于知识图谱的探究式学习、案例式学习、合作学习等新型教学方法。

（3）教学评价与管理优化。构建基于智慧教学平台的多主体、多方式、多维度、全过程评价体系，为教学效果评价提供更加客观的依据。

（4）为教育决策者提供数据支持和决策依据。

其二，应用实践突破内容：

资源丰富多样，知识体系清晰，人文素养提升；提升学生学习自主性、提升临床思维能力、合作学习教学效果提升。

5. 教学效果

其一，受学生欢迎。大部分学生倾向于借助 AI 课程的 24 小时智能学伴进行互动交流（截至 2024 年 4 月 3 日凌晨，累计产生智能交互

4249 次，总时长 479 小时）。

其二，社会经济价值。课程建设将通过数字资源跨区域复用、智能学伴替代部分重复性教学工作，形成交互、共享、持续迭代更新的数字病理资源，打造一个优化、共享、持续迭代更新的病理数智化资源生态圈。

其三，示范引领作用。本课程充分发挥汕医病理学国家学科平台与丰富的病理尸检教学资源优势，有机整合人工智能与数字病理资源，打造出“三维智能图谱构—多模态智能交互—学情迭代优化”三位一体的可迁移框架，有望为其他医学课程建设与数字化转型提供参考。

案例 12：深度融合 AI 交互的“有机化学”课程

倪绍飞

1. 痛点

其一，机理认知浅层化。传统有机化学教材对复杂反应机理的阐述多停留于静态描述，对关键中间体电子结构演化机制解析不足，导致学生认知模糊。

其二，实验探究表面化。实验教学受限于高危试剂（如浓硫酸催化剂）与微观机制不可视化，难以开展机理验证，导致实验与理论脱节。

其三，技术应用割裂化。理论、计算、实验与 AI 技术在教学场景中孤立存在，学生普遍存在“懂反应不懂计算、会实验不会建模”的能力断层，难以适应行业需求。

2. 目标

其一，构建融合式教学新范式。建立“经典理论—量子计算—实验验证—AI 赋能”全链条体系。

其二，开发深度交互资源。建成覆盖经典反应的 3D 机理库与 AI 案例库，支持分子轨道动态演示、反应智能预测等功能。

其三，推动产教深度融合。与药企共建联合实验室，引入工业级数据集，设计“企业命题—学生攻关—成果转化”路径，培养复合型人才。

3.AI 赋能

本案例以有机化学反应机理为核心切入点，结合《大学化学》已发表的量子化学计算教学成果及 AI 技术基础，构建“理论—计算—实验—智能”四位一体教学模式。

其一，构建有机反应数据库。整合芳环间位 C–H 键官能团化反应的实验数据（包括温度、溶剂、催化剂用量等参数），结合量子化学计算获得的分子描述符（如 Hammett 常数、分子体积、前线轨道能级差），构建钌催化芳环间位 C–H 键官能团化反应数据库。采用 MySQL 关系型数据库，包含反应物结构（SMILES 格式）、条件参数、产率及机理路径标签四类核心数据，支持多维度检索与批量导出功能。

其二，构建 AI 实践案例库。基础项目：基于量子计算优化结构，完成数据库构建；进阶项目：基于芳烃间位功能化反应，训练 AI 模型预测产率。

4. 创新之处

其一，主要创新内容。

（1）教学模式创新。跨学科融合教学框架：将量子化学计算（DFT）、机器学习与有机机理教学深度融合，形成“理论—计算—实验—优化”闭环学习链条；虚实结合教学：学生观察有机反应机理的能垒差异，将抽象机理转化为直观体验。

（2）技术应用创新。量子计算教学工具：基于 Gaussian 教学，建成覆盖经典反应的 3D 机理库；AI 全流程赋能：构建有机反应数据库和 AI 案例库。

其二，应用实践突破内容。

（1）建成“AI+ 有机化学”教学案例库，覆盖经典反应（如 Diels-Alder、C-H 活化）。

（2）团队本科生参与发表有机化学类 SCI 论文 20 多篇，含《*Angew. Chem. Int. Ed.*》共同一作论文。

（3）本科生以共同第一作者身份在《大学化学》发表教改论文。

（4）人才培养方面，课题组多名本科生通过有机化学科研训练，成功保研，其中包括中国科学院上海有机化学研究所直博保研。

5. 教学效果

其一，学生能力提升。通过前后对比，学生对机理关键环节（如过渡态结构）的理解准确率提高，科研项目参与兴趣提高，本科生团队发表论文数大幅提高，本科生共参与发表有机化学类 SCI 论文 20 多篇，其中包括本科生以共同一作身份在化学顶级期刊《*Angew. Chem. Int. Ed.*》发表有机化学类研究论文。同时本科生以共同第一作者身份参与发表《大学化学》教改论文。学习效率优化，3D 交互课件使抽象概念学习时间缩短。

其二，案例推广。本案例形成可复制的“AI+ 机理研究”教学模式，当前应用规模覆盖 3 门本科课程，年均服务学生超 100 人次，并开发 AI 案例库等教学资源。规模化推广方面，可适配推广到化学、材料、环境等专业。

其三，社会经济价值。教育成本优化：通过量子计算与 AI 预测减少高危试剂消耗，单次实验成本降低 30%，年均节省教学经费超 10 万元；人才效益：培养“化学 +AI”复合型人才，支撑潮汕地区和粤港澳大湾区生物医药产业发展。

其四，示范引领作用。学科融合标杆：为有机化学教育数字化转型提供范式，推动教育从“知识传授”向“能力建构”转型；跨学科辐射：模式可拓展至材料设计（如 AI 辅助催化剂筛选）、环境工程（量子模拟污染物降解路径）等领域，促进“AI+X”课程群建设。

其五，论文发表。论文标题为“基于量子化学计算阐明基础化学课程中的 Beckmann 重排反应机制”（《大学化学》2025 年，本科生为共同第一作者），作者单位：汕头大学化学化工学院（第一单位）。

案例 13：全过程交互式 AI 赋能在线教学课程群建设

路继业

1. 痛点

其一，课后答疑时效性不足。学生课后问题集中在理论解析、案例应用等方面，但受限于师生沟通渠道单一，多数学生选择通过邮件提问，响应时间往往超过 24 小时。同时，大部分学生因羞怯心理或时间冲突未能及时获得指导，导致知识理解存在断层。

其二，个性化教学实施困难。课程涉及高等数学、统计学、计量经济学、宏观经济学等多学科交叉内容，而课程注册学生的学科基础有较大差异，传统大班授课难以兼顾不同学生的学习节奏，容易出现基础较好的学生“吃不饱”，而基础较差的学生“跟不上”的现象，影响教学效果。

其三，作业反馈机制低效。课程包含计算题、论述题和阅读笔记等主观性作业，人工批改需耗时 4 ~ 5 小时 / 次，反馈周期通常为一星期。延迟反馈导致学生错失最佳修正时机，且助教重复性劳动占比过高，制约教学创新投入。

其四，相关课程逻辑关系不具体。“世界经济”课程与“中级宏观经济学”课程的相关知识点有较大关联性和逻辑递进关系，传统教学方式无法跨学期、跨课程建立上述关系，不利于学生系统化学习。

2. 目标

其一，建设基于广泛资源的“24 小时智能学伴系统”。

其二，开发具有较高适应性的“在线作业智能批改系统”。

其三，应用基于 AI 智能体的一键出题功能并扩充线上题库资源。

其四，完善课程知识图谱。项目预期通过技术赋能突破传统教学瓶颈，为经管类课程数字化转型提供实践案例。

3. AI 赋能

其一，搭建智能学伴系统。剖析需求，突破时间限制、降低提问门槛、提升答疑精度并提供前置基础；构建含大量知识切片的知识库；采用人工智能技术实现 24 小时答疑；学生使用频繁，高频问题集中在课程关键知识点。

其二，构建在线作业智能批改系统。分析需求，开发覆盖多种题型的智能评分系统；制订包含多个维度的评分标准，建立人工校准和动态优化机制；应用教学效果显著，批改效率大幅提升。

其三，建立 AI 辅助学习行为监管机制。针对学生利用人工智能作弊的现象，通过 AI 生成文本检测和课后题关键词过滤技术防范，在评分标准中明确条款，实践证明能有效检测出 AI 生成内容。

其四，建设资源检索推荐系统。构建“三维一体”资源推荐体系，包括知识点关联和主题扩展；使用现状显示被调用次数较少，存在学生认知度不足和使用惯性问题。

其五，构建跨课程知识图谱。整合课程资源，采用自然语言处理技术分析语义，建立“理论—案例—数据”三维关联；提升了学生对理论的融合理解和认知结构的立体化。

其六，构建一键出题系统。基于知识图谱开发 AI 出题系统，实现题型、难度、知识点三维组合，支持多模态出题。图 2-16 为人工智能内容检测。

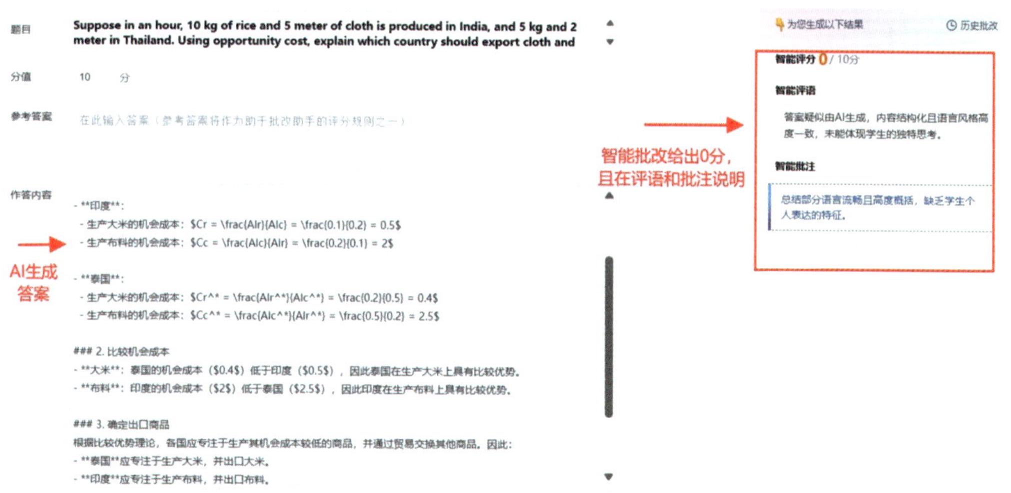

图 2-16　人工智能内容检测

4. 创新之处

其一，构建“三位一体”智能教学支持体系。首创“智能学伴 + 智能题库 + 智能批改”三维教学支持系统，突破传统课堂时空限制。智能学伴系统整合 12 本权威教材、717 张图表、201 个政策对比表等资源，实现基于教材内容的 24 小时实时答疑；智能题库系统可根据章节自动生成差异化练习题，方便学生自我检测；智能批改系统覆盖计算题、论述题等常见题型，实现 5 分钟内批量反馈。

其二，创新“人机协同”教学管理机制。建立 AI 辅助学习行为监管体系，通过“关键词过滤 +AI 生成检测”双重机制防范学术不端。在智能学伴系统中嵌入课后题敏感词库，自动拒答直接提问作业原题的行为；在作业批改标准中设置“原创性检测”指标，检测准确率经人工检测合格，有效维护学习过程真实性。

其三，打造数字化学习闭环生态。全链条数字化流程涵盖“预习—学习—巩固—评价”四个方面：学生课前可通过智能学伴对概念进行预习，课中结合雨课堂实现实时互动，课后利用智能学伴答疑并提交作业，最终由智能批改系统生成个性化学习报告。学生人均使用系统提问 19.6 次。

其四，创建经管类课程知识图谱。将大量知识点组成知识图谱，形成包含 1303 个公式、717 张图表的可视化知识网络。学生可通过图谱快速定位知识点相关关系、历年作业及延伸阅读材料，提升资源利用效率。

其五，跨课程知识图谱构建技术。实现“世界经济”课程与“中级宏观经济学”课程的深度知识融合，通过 AI 分析经典文献建立多个核心交叉知识点（如比较优势、国际资本流动等），形成“理论—案例—数据”跨课程网络。系统支持学生自主选择“布雷顿森林体系”等主题的多维度学习路径，提升资源利用效率。

其六，AI 驱动的动态题库生成技术创立基于知识图谱与强化学习的智能出题系统，实现“知识点—题型—难度”三维精准匹配，解决传统题库更新滞后、题型单一问题。

5. 教学效果

其一，应用广泛且教学效果良好。系统覆盖 2 个班级 141 名学生，稳定运行 187 小时，智能批改作业 9 次，处理提问 1571 次，学生人均使用 19.6 次。

其二，教学效率显著提升。智能批改系统缩短作业批改时间，智能学伴增加师生互动时间。

其三，人才培养质量提高。知识图谱促进课程融合，提升学生跨学科思维，提高期末考试成绩。

其四，推动教育资源公平化。一键出题系统通过知识图谱共享机制，为偏远地区院校提供优质练习题资源。

案例 14：AI 赋能用户研究与数据分析传播学课程群建设

毛良斌

1. 痛点

其一，课程体系碎片化。传统学科划分过细，跨领域课程整合不足，如用户研究类课程未与数据分析、AI 技术深度融合，学生难以构建系统性知识框架，实践能力与行业需求脱节。

其二，教学资源更新滞后。数字化时代技术迭代快，但教材与案例库依赖人工更新，耗时耗力，无法支撑前沿技术教学，导致学生“学用分离”。

其三，评价方式单一化。传统考核方式依赖固定题库与标准化试卷，无法反映学生个性化能力，考试内容与实际技能需求匹配度低。

其四，教学协同效率低下。跨课程教师缺乏统一知识框架，教学内容重复或断层，造成教学资源浪费，如传播统计学与用户研究课程存在知识点重复讲授却忽视关联应用的情况。

2. 目标

其一，重构课程体系。打破学科壁垒，构建跨新闻传播、数据科学与 AI 技术的模块化课程群，培养学生数据采集、算法应用、伦理合规等全链条能力。

其二，实现智能化资源支撑。利用 AI 生成动态教学资源与个性化题库，提高“教—学—评”全流程效率。

其三，构建协同生态。借助知识图谱建立课程关联网络，提升教师协作效率与学生深度学习能力，为高等教育数字化转型提供可复制方案。

3.AI 赋能

其一，重构课程体系。联合多单位及行业专家，将“传播统计学”“新媒体数据分析与应用”“新媒体用户研究”“网络舆情分析”4 门课程有机关联，每个课程下设知识点集群；引入跨学科理论与技术，形成“理论—技术—应用”闭环。

其二，研发 AI 驱动的资源生成系统。利用 NLP 技术将教材内容转化为视频脚本并嵌入案例，提升视频制作效率；基于知识图谱与深度学习算法构建智能题库，实现题目自动生成和难度适配。

其三，构建知识图谱与协同教学平台。采用图数据库整合课程知识点，建立跨课程关联网络；开发教师协同工具，方便教师标注关联点、共享资源和查看学生学习轨迹。

其四，开展行业实战项目。与多家企业合作设计实战项目，学生通过 AI 平台获取真实数据集并提交分析报告，系统自动评价。

其五，实现教学管理智能化。根据学生学习进度推荐资源，AI 自动生成课程报告辅助教师教学；在试点班级应用并收集数据，优化算法模型。

4. 创新之处

其一，重构学科逻辑。打破学科边界，以“用户研究和数据分析”为核心重组课程内容为四大模块，模块内采用“知识点树”结构，模块间通过知识图谱关联，形成理论与实践双向闭环。

其二，实现教学个性化。基于 NLP 技术开发资源生成引擎，实现动态内容适配；通过分析学生行为数据，优化学习路径推荐。

其三，驱动教学协同。构建知识图谱并提供可视化编辑界面，方便教师协同教学；为学生呈现跨课程知识网络，支持“一键跳转”学习。

其四，构建协同生态。联合企业设计行业项目，学生通过 AI 平台获取数据并完成分析，实现教育与产业协同。

其五，升级教学管理。AI 自动生成教学报告，助力教师调整教学策略；通过知识图谱分析课程群运行数据，辅助行政管理决策。

5. 教学效果

其一，应用成果显著。在长江新闻与传播学院覆盖超 300 名学生，初步形成运行模式，计划向汕头大学其他学科及广东省内其他新闻传播学院推广。

其二，社会经济价值凸显。AI 资源生成技术降低课程开发成本；与企业共建项目输出的分析报告应用于企业策略优化，创造经济价值。

其三，示范引领作用突出。为《教育信息化“十四五”规划》提供实践范本，在高等教育领域具有示范意义。

其四，有效应对风险。针对技术风险，采用“专家审核 + 学生反馈”双校验机制更新题库；对于伦理风险，运用区块链加密存储数据；面对推广阻力，开展“AI 教学能力培训营”并提供技术支持。

案例 15：数智化改造“基础学习”整合课程

林常敏

1. 痛点

其一，学科壁垒致使知识割裂、能力培养滞后，模块化课程中资源有限性与学生个性化需求的矛盾突出。教师受标准化教学模式限制，难以兼顾跨学科逻辑整合。

其二，学生面临抽象知识理解困难、国际考试压力以及学习路径模糊等多重困境。以汕头大学医学院“基础学习”整合课程为例，该课程整合多学科内容，抽象性强、逻辑紧密，全英班学生还需应对专业词汇壁垒和国际考试压力，传统工具无法平衡资源分配与个体需求差异，学生焦虑情绪影响学习效能。

其三，师生反馈机制主要依赖课堂观察、测评及问卷等间接方式，存在时效性与精准性不足的问题，教学团队对新技术的接受度和掌握水平差异显著，难以形成全周期技术生态。

2. 目标

其一，聚焦“数智驱动、能力本位”，通过人工智能深度融入教学全流程，系统性整合多学科资源，构建动态更新的结构化知识图谱，打破基础理论与临床实践的认知割裂。

其二，依托智能指令生成多模态学习资源，精准适配不同学习风格。

其三，创新实时数据追踪与动态反馈机制，推动教学管理从经验转向数据驱动，形成可推广的智慧教育方案，为培养具备国际竞争力与创新思维的医学人才提供支撑，破解高等教育规模化与个性化的矛盾。

3.AI 赋能

其一，多方共同参与课程建设。教学团队联合学生顾问团队及工程师团队，学生顾问团队参与课程设计和提示词框架设计，工程师团队解决技术问题，更好地适配学生需求。整体团队架构见图 2-17。

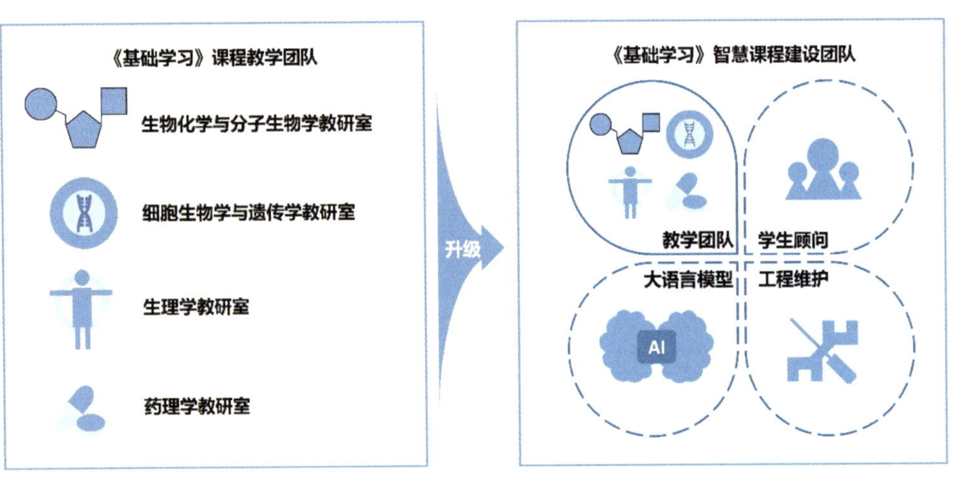

图 2-17 “基础学习”智慧课程建设团队架构

其二，建立师生培训体系。采用“自主学习 + 专业培训 + 师生协作”模式提升师生人工智能通识素养，针对各指令功能开发操作教程与示例合集，帮助学生掌握应用方法。

其三，开展头脑风暴形成指令集合。开发 45 条提示词指令，覆盖学习工具、学习路径、教学设计及寓教于乐等维度，还提供基础支架及 AI 助写提示词功能，支持学生自助设计个性化提示词和学习方案。

其四，试点采样并调整指令设计。分阶段试点智能体功能，收集反馈意见，针对性调整提示词指令，提升指令实用性与可靠性，提高教学效率和学习体验。试点流程见图 2-18。

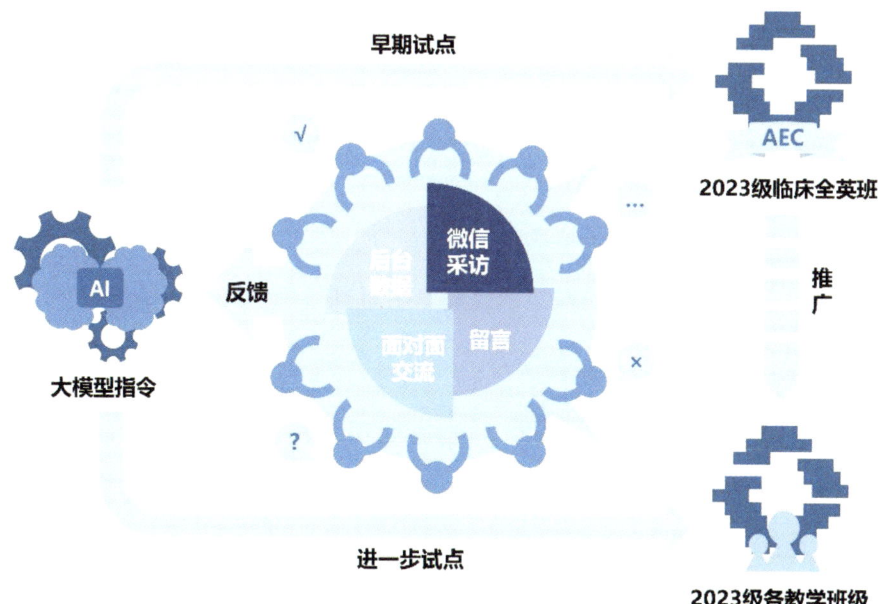

图 2-18 “基础学习”智慧课程试点流程

4. 创新之处

其一，构建“AI 助教、AI 助学、AI 助管”新教学模式。“AI 助教”辅助教师整合课程内容，“AI 助学”提供个性化学习支持，“AI 助管”优化教学管理与评价反馈，推动医学教育向能力导向转型。

其二，构建个性化学习体系。通过指令协同与多模态资源整合，基于结构化提示词指令库，用户可定制学习材料，指令与外部工具联动，打破教学时空边界。

其三，引入学生顾问参与教学设计。形成“师生共创”模式，将学生需求融入教学策略和指令迭代，提升课程科学性和实用性，培养学生人工智能素养与问题解决能力。

其四，跨指令跨模态多维联动。整合不同指令集和跨模态数据处理技术，实现教学资源高效利用和个性化学习路径定制。

其五，创新师生联动机制。课程设计阶段让学生参与，重构师生角色关系，引入多元化互动模式，促进学生批判性思维和创新能力培养。

其六，基于 ADDIE 模型实践。通过分析医学生需求、设计个性化学习方案、开发适应性教学资源、实施智能辅助教学并评价优化，为高校提供可复制范例。

5. 教学效果

其一，资源建设成果显著。多模态知识库整合丰富教学材料，生成大量知识切片，构建的五层级知识图谱逻辑清晰，实现教学资源智能化管理、整合与利用。

其二，指令生成教学效果良好。师生通过指令可引导大语言模型生成高质量教学材料，如生成符合命题规范的题目和解析，还能通过指令协同和外部工具整合拓展个性化学习路径。

其三，推广应用广泛。课程覆盖了10个教学班级，共有267名学生激活使用，师生使用频率较高。通过后台数据分析出学生行为模式和活动规律，为优化课程资源配置和教学设计提供数据支撑。

案例16：AI赋能的“人工智能与大数据+商科”学科群

龙月娥

1. 痛点

传统商科教育在学科融合、课程体系、教学模式及师资队伍等方面存在短板，无法满足现代市场对跨学科复合型人才的需求。具体痛点包括：

其一，学科融合不足问题。传统商科教育学科界限分明，难以适应人工智能与商业融合发展的趋势。

其二，市场需求脱节问题。商科人才培养未能有效对接市场需求，难以满足企业对智能会计、数字营销等新兴岗位的需求。

其三，教学内容陈旧、教学模式固化问题。传统课堂以单向知识输出为主，与人工智能时代所需的人机协同教学模式存在冲突，学生实践能力培养不足。

其四，师资力量不足问题。兼具人工智能与商科背景的师资严重短缺，跨学科教学能力不足。

2. 目标

针对以上问题，商学院构建了“人工智能与大数据 + 商科”专业教育教学体系，通过重构课程体系、校企协同育人、创新教学模式以及优化师资队伍等举措，注重商科核心知识与底层逻辑的讲解，着力推动人工智能、大数据等前沿技术与商科知识的深度融合，致力于培养既懂商业逻辑又掌握技术应用的复合型人才，以适应新时代商科人才的需求与发展趋势。

3.AI 赋能

其一，课程体系重构。

（1）分层递进课程设置。基础课程：面向全院学生开设“人工智能与大数据导论”“Python 数据分析基础”等公共基础课程；专业课程：在专业层面开设“Python 财务数据分析及应用”“财务管理与 Python 实现”“金融数据挖掘与分析”等 22 门专业课程，并融入 AI 算法和大数据分析方法，将人工智能与大数据技术精准赋能到各具体商科专业。

（2）教学资源与改革。学院组织教师编写了《Python 财务数据分析及应用》《大数据导论——基于管理视角》《财务管理与 Python 实现》

等“人工智能与大数据+商科”系列特色教材；同时，学院引进了智慧商业全景综合实验教学平台（RPA机器人）、DBE Cloud数智实验教学平台（财务大数据）等，构建虚实结合的实践环境。

其二，校企协同与平台搭建。

（1）学院积极建立需求导向的动态调整机制，通过持续开展商科岗位需求调研，以及邀请业界专家参与培养方案修订，及时优化课程体系，确保教学内容与社会需求同步。

（2）强化实践教学和校企合作，近5年已建成7个融合人工智能与大数据赋能商科实验教学平台；每年新增5个实习基地，累计已达到37个实习实训基地；并与广东泰迪智能科技有限公司共建“泰迪·汕大商业大数据智能工作室”，通过真实商业场景强化学生解决复杂商业问题的能力，提升就业竞争力。

其三，教学模式创新。

（1）通过线上线下混合式课程，实现线上教学与专业课程教学的深度融合。

（2）在教学模式上，依托智慧教学平台推行人机协同教学模式，引导学生运用AI工具开展创新实践。

（3）在对学生的评价上，建立涵盖知识掌握、人机协作能力和创新思维的多维度评价体系，全面培养和考核学生的数字化能力和创新思维。

其四，师资队伍优化。

（1）狠抓在职教师能力提升。学院组织教师参与人工智能、大数据技术培训，提升其 AI 素养；鼓励教师参加教学交流活动，掌握学科前沿、更新知识体系，增强将 AI 融入商科教学的实操能力；举办教学创新大赛，把 AI 融入教学设为重要评分项，激励教师探索创新。

（2）在师资引进环节，学院优先录用既精通人工智能与大数据专业知识，又对商科领域有深入理解的复合型人才，为学院的跨学科教育注入新活力，助力“智 + 商”教育理念落地生根。

4. 创新之处

其一，主要创新内容。

（1）跨学科融合课程体系的创新。学院突破传统商科教学的局限，以系统性思维打破学科壁垒。将人工智能与大数据课程设为全院基础课，实现跨学科知识底层渗透。在专业课程中深度嵌入相关技术，推出“财务管理与 Python 实现”“金融数据挖掘与分析”等创新课程，从源头推动多学科融合，构建“基础通用—专业深化”的跨学科知识体系，助力学生有效应对科技与商业交叉领域。同时，密切跟踪人工智能技术发展，基于调研动态优化课程内容，融入人工智能伦理等前沿知识与最新算法应用，打造前沿课程体系，为学生储备面向未来的知识。

（2）教学方法与技术融合的创新。学院在课程教学中引入智慧教学平台和大语言模型，借助智慧教学平台的互动功能，提升学生课堂专注度，显著改善教学效果。通过校企合作，进一步推动教育与产业的深度融合。

同时，教师在教学中不仅传授知识，还注重提升学生驾驭 AI 工具的能力，充分发挥人工智能对教学的赋能作用，推行人机协同教学模式，提升了学生的课堂专注度和学习效率，实现从“师—生”二元模式转变为“师—生—AI”三元动态模式。

其二，应用实践突破。

（1）在人才培养方面。学生在学科竞赛、升学就业等方面成果显著。在学科竞赛中，学生在数智化应用与实践相关竞赛中屡获佳绩。在就业市场上，商学院毕业生就业去向广泛。

（2）在课程建设与教学成果应用方面。目前，“Python 财务数据分析及应用”“会计信息系统”等 11 门课程获广东省一流本科课程认定。《高校整合思维教育的探索与实践》获国家级教学成果奖，《人工智能与大数据驱动下的会计本科人才培养模式改革探索与实践》《认证驱动、能力导向、内外融合—新时代复合型商科人才培养的探索与实践》等 4 项成果获得省级教学成果奖。此外，学院教师编写的教材如《Python 财务数据分析及应用》《大数据导论——基于管理视角》《财务管理与 Python 实现》等，被全国百余所高校采用，受益师生遍及全国各地高校约 2 万人，产生了良好的社会影响。

（3）在校企合作方面。学院与企业开展深度合作，实现了校企协同育人的突破。

5. 教学效果

其一，学院已形成完整的“人工智能与大数据 + 商科”人才培养体系，并覆盖所有本科专业。

其二，近 3 年，学院教师共参与或主办了 6 场与“人工智能与大数据 + 商科”相关的高端学术会议，并作主题报告。

其三，学院接待了来自暨南大学、广东财经大学等 9 所兄弟院校的来访；相关教材被国内众多高校选用；中国会计报、麦可思等多家媒体进行报道。

第三节
汕头大学 AI 赋能项目式实践教学

汕头大学智慧教学不仅覆盖专业课程领域，还积极尝试 AI 和项目式实践教学的融合，将项目式教学的实践性、灵活性优势与智能优势相结合，本书选择了 17 个典型案例进行展示。

案例 1：AI 赋能乡村发展“数智兴村”项目

吴锳凡

1. 痛点

其一，乡村文旅规划困境。传统乡村文旅规划缺乏对乡村历史文化、地理风貌的系统挖掘与分析，导致项目同质化严重，无法凸显地方特色。景观再造缺少精准规划和分析，方案与居民、游客需求脱节，资源利用率低。

其二，高校教学问题。高校在乡村文旅规划教学中，存在理论与实践脱节的问题，难以培养出契合乡村文旅产业需求的专业人才，无法为乡村文旅产业发展提供有力的人才支持。

2. 目标

其一，乡村发展目标。利用人工智能技术深度挖掘乡村特色，为乡村景区打造个性化文旅规划方案，营造沉浸式文旅体验环境，推动文旅产业与地方文化融合，助力乡村振兴，促进地方经济发展。

其二，教育教学目标。搭建跨专业实践平台，通过实际项目锻炼学生，提升学生团队协作、问题解决和创新能力；构建校地协同育人新范式，培养数字文旅新农人，为乡村文旅产业提供可持续的人才支撑；探索创新教学模式，为高等教育教学改革提供经验。

3.AI 赋能

其一，数智驱动乡村文旅新基建。深入调研当地文旅产业，借助人工智能技术挖掘文化资源，利用算法分析景观数据，为景观规划改造提供数字化依据，搭建技术应用平台，推动人工智能在文旅场景的深度应用。

其二，个性定制与技术融合。运用数字抓取技术收集信息，通过算法分析乡村区域特征；引入 VR、AR 技术，打造沉浸式学习与实践环境，提升参与者的实践和创新能力，为乡村文旅规划提供个性化支持。

其三，文化传承与创新。构建活态传承与传播平台，设计多功能文化空间，促进文化符号活态利用；借助居民参与式运营增强文化认同感，形成文化传承与传播的双向机制。

其四，产教融合培育人才。构建“教育链—人才链—产业链”融通的校地协同育人模式，打造“理论课程—项目实践—创业孵化”三级进阶培养路径；推行“双导师制”，联合高校不同专业教师授课；通过线上线下结合的方式，提升学生文化传承和数字素养，培育数字文旅新农人。

4. 创新之处

其一，教育范式创新。构建“项目驱动 + 个性化学习”模式，以实际项目驱动学生学习和应用知识；整合人工智能技术打造沉浸式教学环境，根据学生差异提供定制化教学服务，提高教学质量。

其二，应用实践突破。实现跨学科实践教学，整合多学科知识，培养学生团队协作和 AI 素养；加强高校与地方深度合作，为乡村振兴提供智力支持，精准对接人才培养与社会需求。

其三，文化传承创新。以“技术赋能 + 文化解码”为驱动，利用 AI 技术对文化遗产进行建档保存，通过 VR 等技术实现文化遗产活态传承；构建文化景观空间改造理论框架，为乡村文化振兴提供数字化解决方案。

5. 教学效果

其一，应用成果。为乡村文旅产业发展提供数字化实践思路，助力产业创新发展；学生在相关学科竞赛中屡获佳绩，涵盖国家级、省部级和校级多个奖项。

其二，示范引领作用。为高校学科交叉和智能化运用提供操作模式，引导高校优化人才培养方案，加强与地方合作，提升高等教育质量。

案例 2：人工智能赋能机械工程创新创业教育项目

吴嘉俊

1. 痛点

其一，学科交叉融合不足。人工智能等新兴技术未能深度融入机械工程教育课程体系，导致学生在面对智能制造、智能装备等交叉领域的技术挑战时，知识储备和应对能力不足。

其二，实践教学资源匮乏。多数高校机械工程专业缺少智能机器人、AI 视觉检测等技术平台，学生的技术应用能力与真实产业场景需求存在差距，难以满足实际工作的要求。

其三，创新创业教育碎片化。高校创新创业教育缺乏贯穿“课程—实践—竞赛—产业”的完整链条，学生的创新成果转化率较低，所具备的能力与企业实际需求不匹配。

2. 目标

其一，打破学科壁垒。促进机械工程与人工智能、计算机科学深度交叉，融合课程体系，培养学生的跨学科创新能力，使其能够适应交叉领域的技术发展需求。

其二，搭建技术赋能平台。依托 CDIO 创新实践中心，建设机器人竞技工坊、机器视觉实验室等虚实结合的平台，为学生提供接近产业实际的技术实训环境，提升学生的实践能力。

其三，贯通双创教育链条。以学科竞赛为牵引，建立“赛课融合—项目孵化—产业对接”机制，推动学生从技术学习到成果落地的全流程能力提升，提高学生创新成果转化率，满足企业对人才的需求。

3.AI 赋能

其一，智能化学习管理。开发基于人工智能的学习管理系统，利用机器学习算法分析学生学习数据，为学生定制个性化学习路径，实现因材施教。

其二，竞赛智能化创新。引入基于人工智能的仿真模拟系统，为学生参加创新创业竞赛模拟真实工程场景，利用人工智能的数据分析和模式识别功能提供针对性辅导，帮助学生优化项目方案。

其三，个性化课程定制。以学生为中心，以实际问题为导向设计课程内容，提供多样化选修模块；开发跨学科融合课程，鼓励学生组建跨学科团队完成课程项目。

其四，融合课堂与竞赛。将学科竞赛元素融入课堂教学，引入竞赛案例分析；搭建实践平台，建立机器人竞技创新工坊和创新创业社团，组织各类创新创业活动。

其五，搭建培养平台。设置多元化竞赛项目，涵盖多个学科领域；

为参赛学生提供专业指导、资源共享平台和实践场地设备等全方位支持。

其六，完善管理激励机制。设立专门竞赛管理部门，制订完善的竞赛管理制度；优化激励机制，对学生和教师给予多样化奖励，调动参与积极性。

4. 创新之处

其一，创新教学模式。构建“学科交叉—技术融合—实践驱动”三位一体的教育教学模式（图 2-19），打造“人工智能 + 高端制造”特色课程群，形成“理论 + 实践 + 竞赛”的闭环培养路径。

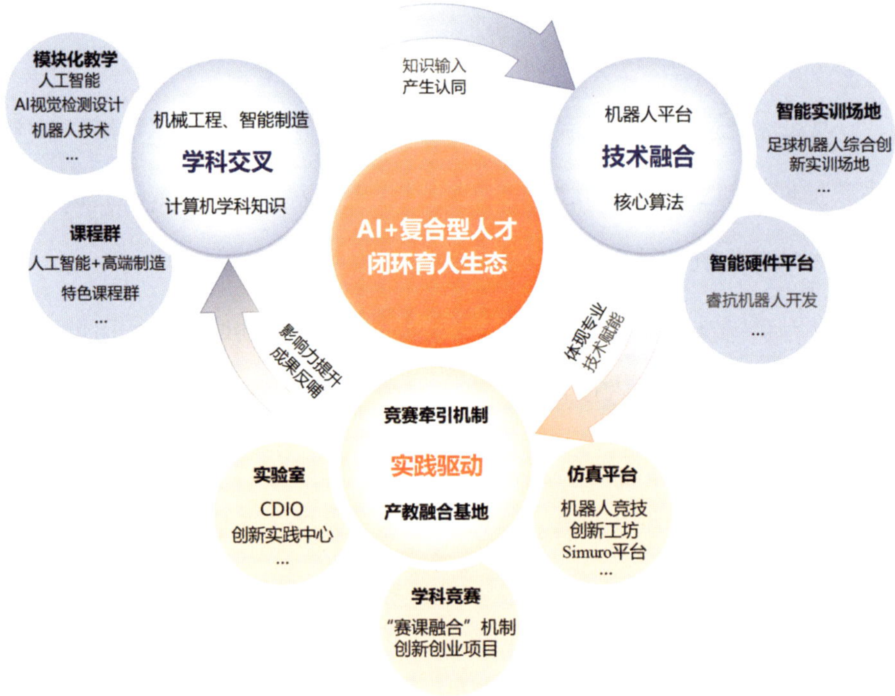

图 2-19 “三位一体”创新创业教育体系

其二，升级实践体系。基于 CDIO 理念，搭建智能实训场地环境，引入先进设施，通过仿真模拟与实体操作联动，突破传统实践教学局限。

其三，培养创新能力。以学科竞赛为牵引，设计“赛课融合”机制，激发学生解决复杂工程问题的能力，形成“以赛促学、以赛促创”的动态教学模式。

其四，技术突破成果。实现智能机器人协同控制、机器视觉与机械系统集成应用、仿真—实体联动等技术突破，为教育数字化转型提供可推广范式，处于国内高校机械工程学科前列水平。

其五，应用实践成果。在竞赛、产教融合、学生能力提升等方面取得突破，获得众多奖项，建立产教融合示范基地，提升学生团队协作和解决问题的能力，为高校提供可复制经验。

其六，知识产权成果。累计申请多项发明专利和软件著作权，部分已授权并实现技术成果转化，归属汕头大学机械工程系及合作企业共有。

5. 教学效果

其一，应用成果显著。在汕头大学机械工程系广泛应用，取得优异竞赛成绩，培养出成功创业学生，经验逐步向其他学科扩展，未来有望全国推广；教师教学能力和模式得到优化，有教师在教学创新大赛获奖。

其二，社会经济价值凸显。培养的创新型人才推动产业升级和技术转化，如毕业生研发产品产业化并创立公司，为地方经济发展注入动力。

其三，示范引领作用突出。为国内高校提供人工智能与传统学科教育融合的实践经验，推动教育模式创新和改革，引领高等教育在人工智能赋能方面的发展方向。

案例 3：AI 赋能绿色制药全过程教学项目

陈广慧

1. 痛点

通过 2020 年以来开展的学术前沿讲座与科研工作，汕头大学发现大量化学专业学生存在“AI 认知断层”：一方面认可 AI 技术的战略价值，另一方面受限于非计算机学科背景，难以将 AI 前沿成果转化为科研工具。具体表现为以下痛点：

其一，技术认知体系碎片化。对 AI 技术谱系缺乏系统性认知，将 AI 等同于“聊天机器人”。

其二，技术转化能力薄弱。不能独立完成数据预处理。

其三，学科交叉意识欠缺。在药物靶点发现、分子对接、分子优化等关键环节，不能主动设计由 AI 驱动的解决方案。

2. 目标

针对以上问题，教学团队借鉴国际上先进的 AI 药物研发范式，提出“问题导向—场景驱动—认知迭代”的筛选流程。旨在实现：

其一，学科前沿讲座以抗肿瘤药物研发为教学载体，构建覆盖“靶标发现—分子生成—药效评价—绿色合成”全流程的 AI 实践体系。

其二，通过将蛋白质结构预测、分子生成式模型等前沿技术拆解为模块化教学单元，使化学专业学生在短时间内建立 AI 技术框架认知，理解不同 AI 技术的优缺点。

其三，提高学生 AI 工具应用能力和就业竞争力。

3.AI 赋能

选择以 PDGFRα 为靶点药物筛选为教学案例，通过采用 AI 技术进行结合教学。具体措施如下：

其一，PDGFRα 三维结构预测。采用 AlphaFold 3 根据 PDGFRα 的序列进行蛋白质 3D 结构建模。随后，与实验报道的 X-Ray 晶体结构进行重叠，对比重原子的位置偏差，验证预测的 PDGFRα 结构合理性和准确性。

其二，AI 分子生成。在 Anaconda 3 软件中，采用 PocketFlow 模型以 AlphaFold 3 预测的 PDGFRα 蛋白结构为受体，生成 100,000 个小分子。随后，采用 Pymol 软件可视化观察小分子是否在 PDGFRα 的 ATP 结合位点。

其三，ML 预测对接打分。首先，使用 AutoDock Vina 对 10，000 个分子进行对接；随后，在 Anaconda 3 的 Jupyter Notebook 平台基于对接数据训练 ML 预测模型；最后，应用预测教学效果最佳的模型筛选剩余的 90,000 个分子。

其四，分子优化。通过片段和生物电子等排体结构替换的技术对药物分子结构进行优化。对上述筛选得到的潜在药物分子进行 AI 分子优化，进一步提高对 PDGFRα 的选择性和抑制活性。

其五，实验验证。在 AI 赋能的药物筛选技术完成 PDGFRα 抑制剂的筛选后，学生需在 Anaconda 3 软件中通过 AI 模型评价合成路线、可购买性验证、多维度实验设计构建“干湿结合”的验证体系，确保候选分子的成药性。图 2-20 为 AI 赋能药物筛选的流程图。

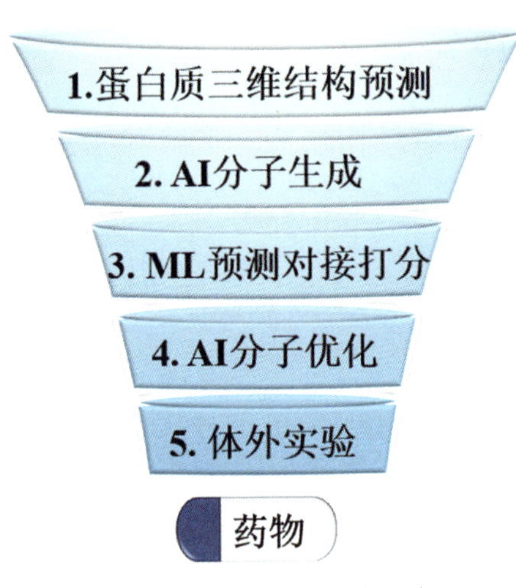

图 2-20　AI 赋能药物筛选的流程图

4. 创新之处

其一，主要创新内容。

（1）教学团队立足“技术—教育—实践”三维创新逻辑，在教学模式重构、人才培养范式革新、数字化转型路径探索三方面形成突破性成果，为高等教育 AI 赋能提供可复制的解决方案。

（2）构建“场景化—个性化—验证化”三重机制。针对传统教育中技术前沿与教学实践脱节的痛点，教学团队创造性设计 AI 技术融入教学的结构化路径。以抗肿瘤药物研发为教学主线，将 AlphaFold3 靶标预测、PocketFlow 分子生成、XGBoost 等 AI 技术模块化解构，嵌入“靶点识别—分子设计—活性预测”教学场景。通过虚拟仿真平台模拟真实研发流程，学生在短时间内系统掌握跨学科技术链条，较传统碎片化教学提升 40% 的知识迁移效率。

（3）可持续发展导向的教学创新。该体系允许后续不断加入该领域先进的 AI 技术，完善 AI 驱动的绿色制药教育框架。AI 技术模块化的教学使得在后续的课程建设中可以根据学生个人的能力和兴趣，选择更适合的学习路径和 AI 工具。

其二，技术突破内容。

（1）构建了一个完整的 AI 辅助药物研发的模块化教学体系，建立了汕头大学首个 AI 制药教学全流程动态适配系统，在教学课件基础上还制作了 AI 制药视频。

（2）实现教学过程可量化、可追溯、可优化，并可以迁移使用到生物、海洋和医学专业的本科生与研究生 AI 赋能教育教学中。该 AI 技术和教学创新体系整体处于国内先进水平。

其三，应用实践突破内容。

（1）革新“三维能力”培养范式。教学团队重构人才培养质量评价体系，建立“AI+ 专业”复合能力标准，建立多维度培养模式。通过Python 的 Sk learn 模块、分子生成、结构优化等模块，培养学生的模型使用与调优能力，通过该课程学习，学生平均可实现模型预测精度提升10%；学科交叉维度，设置“AI+ 分子生物学”跨学科工作坊，要求学生组队课前完成整个药物设计流程及相关学科交叉的研究报告 10 份；实验转化维度，将 AI 预测结果与湿实验结合，建立“AI 虚拟筛选—实验验证—结果反哺”的实践链条，学生主导的 3 个候选分子已进入临床前研究阶段。三维评价体系通过过程性评价（占比 60%）与成果性评价（占比 40%）相结合，形成可量化的能力成长曲线。

（2）搭建“AI 预测—计算验证—湿实验反馈”闭环链路。通过 AI 预测蛋白质结构，AI 分子生成、分子对接、机器学习（ML）预测对接打分和 AI 分子优化，进行初步筛选得到潜在的药物分子再利用细胞实验平台验证候选分子活性。使学生从“知识接收者”转变为“技术体验者”，基本达成“记忆—理解—应用”的教学目标。

案例 4：粤东企业与社会数智化转型实践项目

周军杰

1. 痛点

高等教育领域长期以来存在着理论与实践脱节、人才培养与地方需求不匹配的突出问题。具体如下：

其一，传统教学模式侧重于理论知识的传授，学生缺乏将所学知识应用于实际的机会和能力，导致在进入社会后难以快速适应职场需求。

其二，随着数智化浪潮席卷，粤东地区企业亟待转型升级，却面临专业人才短缺、社会公众对数智化认知不足等难题。

2. 目标

其一，课程旨在引导学生深入社会，熟悉现代化产业运作、转型与发展，促使学生持续学习、深度思考，精准把握数智化时代脉搏，增强时代适应能力，明晰个人未来发展方向。

其二，通过公益科普宣讲，助力社会各界洞悉企业与社会数智化转型及其重要意义，推动公众积极应对时代变革，在服务社会中厚植学生作为新时代青年的使命感与责任感。

3.AI 赋能

其一，理论教学。精心设计教学内容，涵盖服务性劳动相关知识和数智化转型的前沿理论知识。通过邀请企业导师进校分享的方式，拓宽学生的知识视野，使学生对数智化转型的宏观概念和发展趋势有清晰认知。

其二，实践教学。课程组织学生深入高德斯精密科技有限公司、广东群宇互动有限公司、汕头－华为工业互联网创新中心等粤东当地企业进行实地调研，亲身体验企业在研发、生产、销售、管理等环节的数智化运作流程。

其三，社会服务实践。学生走进社区开展与数智化转型有关的公益科普宣讲，主题涵盖玩具安全、知识产权保护、玩具工艺改进与数智化转型，帮助群众更好地了解粤东企业的数智化转型与发展。

4. 创新之处

其一，主要创新内容：

（1）产学研用深度融合。打破传统高校教学的封闭壁垒，构建起高校、企业、社会多方协同的创新架构。校内教师充分发挥学术专长，为学生筑牢扎实的理论根基，搭建起系统的知识框架；校外企业导师则带着丰富的实战经验与行业前沿信息走进课堂，以数智化转型中的真实案例为蓝本，传授实用操作技巧。学生在企业中实践理论知识，在社区服务中深化理解、提升社会责任感，形成“理论—实践—服务—反思”的良性闭环，极大地促进知识与能力的双向提升。

（2）跨学科协同培养。敏锐洞察数智化时代对复合型人才的迫切需求，积极推动跨学科融合。精心设计教学环节，组织不同专业学生共同组队参与课程实践，消除专业间的隔阂。在面对企业实际问题时，各专业学生发挥专长，从不同视角协同探讨解决方案，实现知识与技能的有机交融，培育学生的跨学科思维，提升其综合解决复杂问题的能力。

其二，应用实践突破：

（1）实践能力进阶。在产学研用一体化实践进程中，学生通过在企业的沉浸式实习，能将课堂所学理论精准运用到实际工作场景中，切实提升解决实际问题的能力。同时，在团队项目与社区服务中，其团队协作和沟通表达能力也得到全方位锻炼，为未来步入职场做好充分准备。

（2）产业认知深化。以澄海玩具产业为切入点的 AI 赋能研学实践，助力学生全面深入了解玩具产业数智化转型的全景。

（3）人才培养示范。本课程的实践成果对国内高等教育发展和人才培养意义非凡。为其他高校开展产学研融合课程提供了可复制、可推广的宝贵经验，有力推动高等教育与产业发展深度绑定，源源不断地为社会输送适应时代和地区发展需求的高素质创新型人才，助力产业数智化转型，促进国内高等教育模式革新与人才培养质量的飞跃提升。

5. 教学效果

其一，课程成果。课程已连续开设 3 个学期，学生的实践能力显著提升。课程负责人周军杰教授带领团队产出系列成果，成功结项 2024 汕头市哲学社会科学规划项目，撰写完成《数智化背景下澄海玩具企业的转型升级——创新之道》一书。

其二，社会经济价值。在经济层面，助力粤东企业尤其是玩具产业转型升级。在社会层面，在社区进行科普宣讲以提高公众对数智化的认知。同时，培养出适应地方产业需求的人才，缓解企业专业人才匮乏问题，促进地方经济社会协调发展。

其三，示范引领作用。其产学研用深度融合、跨学科协同培养模式，示范高校优化人才培养，紧密对接地方需求。

案例5：AI辅助本科英语写作教学项目实践

张 婧

1. 痛点

其一，在英语写作教学中应用AI时，人机关系复杂，伦理边界模糊，合理使用与学术不端的界定不清晰。

其二，核心概念重构，作者身份与抄袭认定面临新挑战。

其三，存在价值判断困境，技术效用与学术规范之间的张力凸显。

其四，AI介入写作教学处于范式建构期，伦理道德规范的制度化建设滞后于技术应用，国内外高校缺乏完善且可直接用于教学的伦理道德规范，尤其缺少以实证研究驱动、植根于一线课堂、多主体参与、反映师生视角的规范共建实践与研究。

2. 目标

其一，在英语写作课程教学全流程融入大语言模型应用，探索本科英语写作教学中伦理规范的师生共建。

其二，通过实证研究对规范应用和师生认知进行整体性评价和个案跟踪，构建可推广的规范蓝本与共建机制，为高等教育在AI赋能背景下实现立德树人目标提供实践支撑与理论参考。

3.AI 赋能

其一，学期初问卷调查。摸清学生在 AI 辅助英语写作方面的背景与伦理认知，了解学生对 AI 模型运作原理、局限性的掌握情况，以及使用 AI 工具时遇到的挑战，为课程设计提供依据。

其二，课堂 AI 写作工作坊。讲解大语言模型训练及运作机制，组织学生即时写作并借助 AI 模型获取反馈修改，引导反思讨论，以小组为单位集体提案确定课程适用的 AI 写作伦理规范。

其三，规范初稿形成与落实。整合平行班提出的规范形成初稿，以合约形式让学生签名，明确使用 AI 的规则，如作为辅助工具、严守道德底线、注意隐私等。

其四，教学工具开发。制订“AI 辅助写作情况报告表”，引导学生复盘和反思 AI 使用，提高伦理意识，促进元认知发展。

其五，反思活动设计。在英语写作 I 和学术写作 I 课程中分别组织不同主题的个人汇报及集体讨论，深化学生对 AI 使用的伦理讨论，引导学生反思伦理规范践行情况，从人机互动中学习。

其六，共建机制模型初构。通过课堂观察、个案追踪、学期末问卷调查收集数据，构建 AI 写作伦理规范的师生共建机制（初稿）。

其七，模型应用优化。在学术写作 I 课程中，根据学术写作阶段引入更细化的规范共建表格，对教学实践、规范蓝本等进行优化。

AI 赋能后的教研流程如图 2-21 所示。

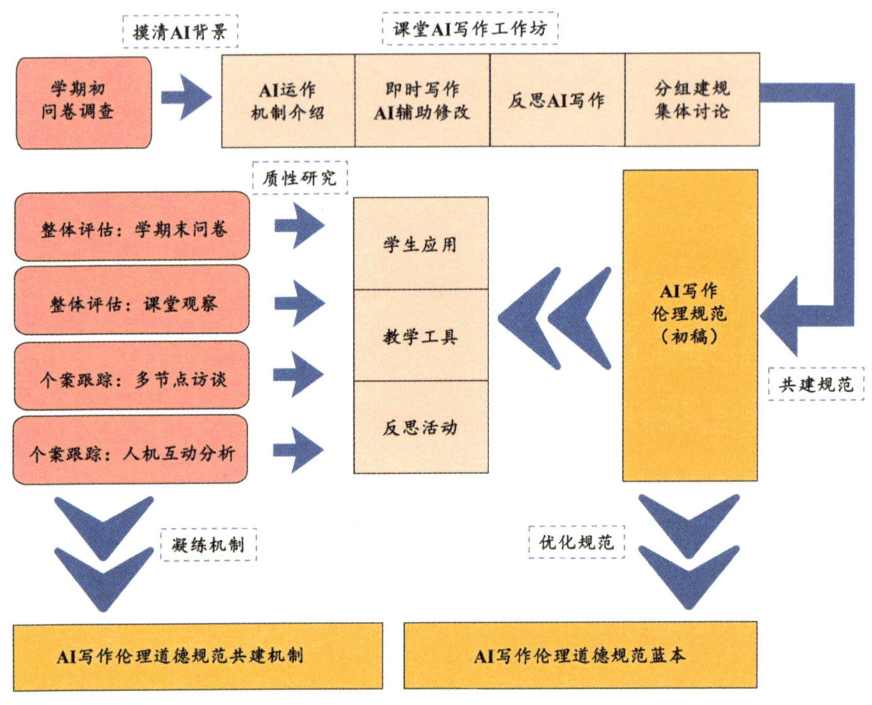

图 2-21　教研流程

4. 创新之处

其一，本土规范的师生共建：目前我国学者已在不断探索 AI 伦理规范的建设。例如文秋芳、梁茂成（2024）指出，目前对于使用 AI 的伦理规范以及如何界定 AI 作用的边界等问题缺乏清晰、明确的规章制度；苗逢春（2024）则在解读联合国教科文组织的《学生人工智能能力框架》时反复强调培养人工智能价值观、伦理观的重要性。然而，现有规范多聚焦于 AI 系统设计与开发的伦理准则，而直接指导教学实践的学术诚信规范研究较为匮乏；其中写作教学领域的 AI 写作伦理规范研究尤为不足。另一方面，当前国内外关于 AI 伦理规范的构建研究多采用“自上而下”

路径，主要基于研究者单方视角，尚未形成师生协同的多元共建机制。本案例中的师生共建 AI 写作伦理规范则通过“自下而上”的本土伦理共建范式有效地为弥合以上两大空缺做出了贡献。

其二，“以人为本”的价值引领：国内外关于 AI 教育应用的研究普遍确立了“以人为本”的价值共识，强调在人机协同过程中强化人类主体性，构建以伦理道德为底线、成长发展为导向的智能教育规范。本案例重点贯彻“以人为本”的核心价值理念，确保学生在人机互动中的主体性、责任意识和自主能力，以学生发展为中心，通过过程导向的培养模式，实现立德树人的根本目标。

其三，教学科研的相辅相成：本案例的另一创新特色在于教学实践和科学研究的相辅相成、互相反哺、形成合力的模式。任课老师同时肩负着改革课程、开展实证研究的双重任务：一方面，教师用国内外前沿文献以及不断增长的实证数据指导教学设计和实践，以确保每一个教学环节都有来自文献或实证研究数据的支撑；另一方面，教师把其所开展的实证研究扎根于一线写作课堂，既确保科研以提高 AI 赋能教学、优化教学效果、助推立德树人思政目标为导向，又把数据采集对正常教学秩序和学生学习过程的影响降低到最小程度。

5. 教学效果

其一，形成了对英语写作课程及学术英语写作课程具有适切性的 AI 写作伦理规范蓝本。

其二，开发了一系列具有推广价值的教学工具和活动，如 AI 使用记录报告表、集体反思课堂活动等，帮助学生提升 AI 伦理意识和写作能力。

其三，构建了本土 AI 写作伦理规范的师生共建机制（图 2-22），为后续在不同类型高校、不同层次和学科的外语写作课程中推广提供了基础。虽然目前仍处于探索初期，但已取得的成果在教学实践和科学研究方面均展现出可推广价值。

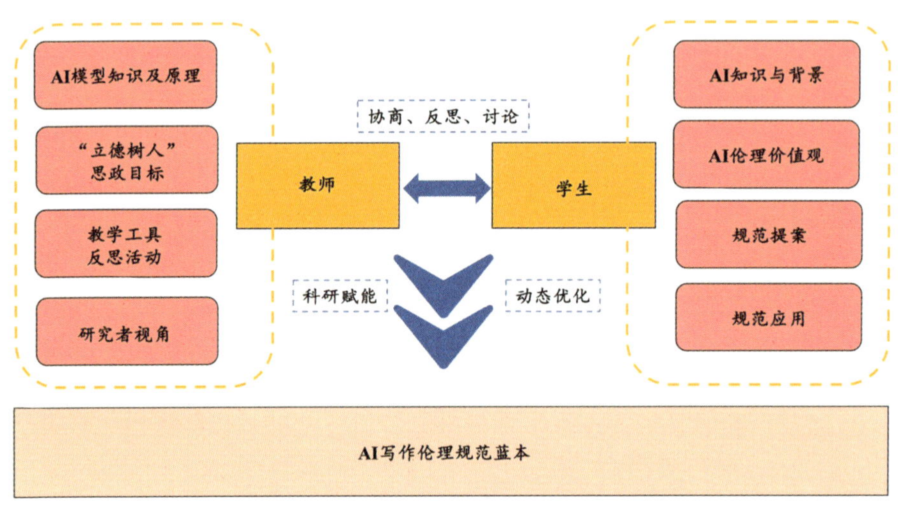

图 2-22　AI 写作伦理规范的师生共建机制

案例 6：“师—生—AI”三元交互思政项目

韩宝成

1. 痛点

其一，情感共鸣难。传统思政教学以教师单向讲授为主，学生被动接受知识，参与度不高，教学内容难以触动学生情感，引发价值共鸣。

其二，知行转化难。教学侧重知识传授，实践环节薄弱，缺乏有效实践载体，学生难以将所学思政理论应用到实际行动中。

其三，精准评价难。评价方式主要依赖教师主观经验，缺乏客观数据支撑，难以准确量化学生的价值认同程度和行为转化教学效果。

其四，课堂交互难。Z 世代学生成长于数字时代，习惯多模态交互和即时反馈，传统课堂教学模式无法满足其需求。

2. 目标

其一，构建“师—生—AI”三元交互理论框架，突破传统二元教学结构，形成多主体协同的教学理论体系。

其二，研发 AI 教学交互平台，集成情感交互、学情追踪等功能，实现教学精准化。

其三，通过虚实融合教学场景，达成“知识传授—价值内化—行为外化”的全链条人才培养目标，构建创新的思政课智能教育形态，为全国思政课数字化转型提供可借鉴的方案。

3.AI 赋能

其一，研发“学习新思想”AI 引擎。运用情感计算与语义网络技术，打造集成智能学伴、情感识别、学情分析、虚拟实践等功能的 AI 引擎，实现个性化学习资源推送、课堂情绪监测、学习数据追踪和虚拟实践模拟等功能。

其二，设计“双空间四维进阶”教学体系。融合物理与虚拟空间，在物理空间借助 AI 生成的思辨图谱引导课堂讨论，在虚拟空间利用 VR/AR 技术构建沉浸式教学场景；设计认知唤醒、价值碰撞、意义建构、行为外化四个阶段的进阶式育人路径，形成完整闭环。

其三，加强团队建设与机制保障。组建由思政教师、AI 工程师、学生助教构成的跨学科团队；依托多个省级和校级科研平台，开展教师数字化能力培训；课程获得专项经费支持，联合开发教学系统中台，实现跨校区数据共享。

其四，推进动态资源适配与教案共建。根据学生讨论内容生成关联图谱，推送学习资源，形成 AI 增强型问题链；搭建协同备课平台，实现教师、学生、AI 共同参与教案设计。

其五，实现教学数据驱动的迭代优化。搭建数据存证系统，收集教学数据并构建数据库；运用机器学习分析数据，自动优化教学策略，如针对虚拟实践参与率低的问题采取相应措施。

其六，强化伦理约束与安全保障。建立内容审核机制，对 AI 生成内容进行三级审核；采用加密存证技术，严格遵守《个人信息保护法》，保障学生数据安全。

其七，开展试点实施与全校推广。先在部分班级试点，开发教学资源，总结经验；之后在全校范围内推广，升级平台版本，制订教学操作规范和评价指标体系。

4. 创新之处

其一，理论创新。首创“三元共生”思政教育新范式（图 2-23），重新定义教师、学生、AI 的角色，形成协同进化关系；基于建构主义与具身认知理论，设计创新教学机制；研发“学习新思想”AI 引擎，实现技术突破。

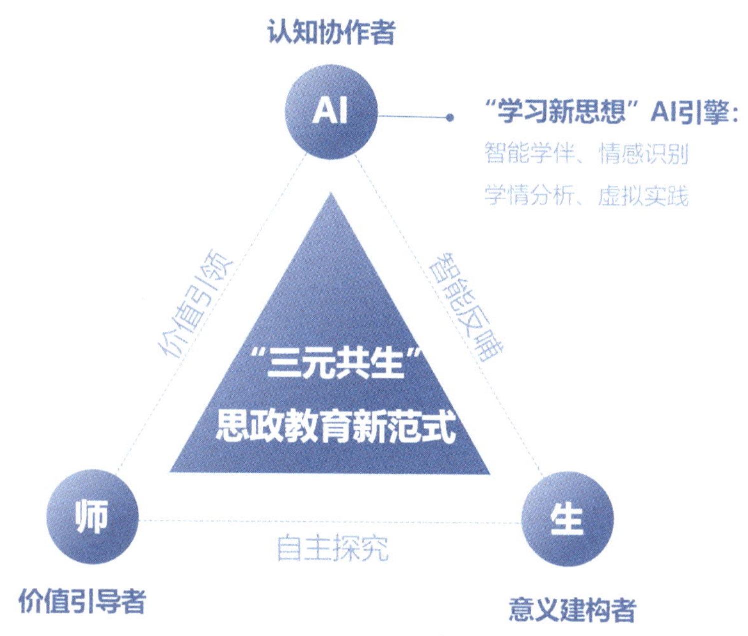

图 2-23 “三元共生”思政教育新范式

其二，模式创新。打造“双空间四维进阶”教学体系（图 2-24），融合双空间教学，创新育人路径，形成立体化、进阶式的教学模式。

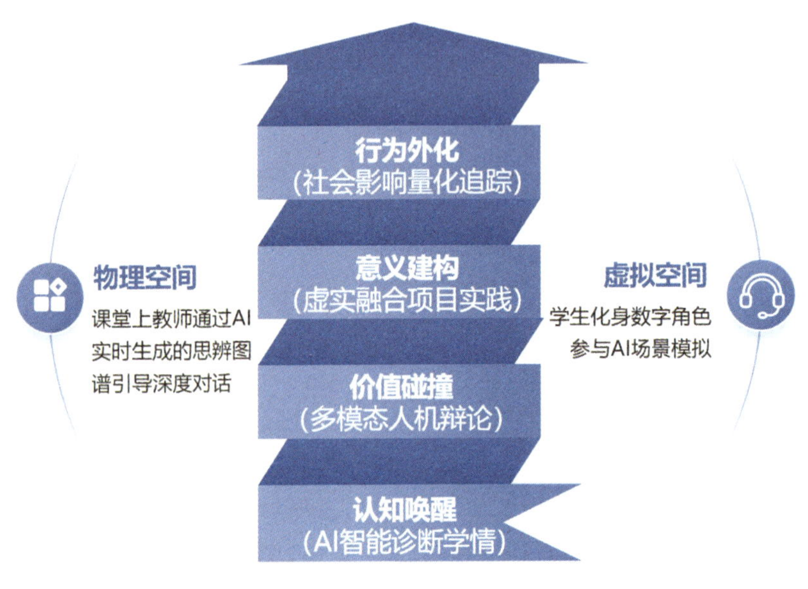

图 2-24 “双空间四维进阶”教学体系

其三，方法创新。构建“问题链—AI 链—实践链”三链驱动模型，包含 AI 增强型问题链、多模态交互系统和社会化实践平台，提升教学效果。

其四，机制创新。建立“四维协同”教学治理体系，涵盖动态优化、伦理约束、资源共创和生态辐射机制，保障教学持续发展。

5. 教学效果

其一，教学实践成果显著。在学校多学院大规模实施教学改革，开设特色教学班，完成大量混合式教学课时，提高了课堂参与度、学生满意度和社会实践转化率。

其二，推广价值突出。形成可复制的“汕大模式”，为全国思政课数字化转型提供全面的标准化解决方案，符合政策导向，具备广泛推广的潜力。

其三，风险防控措施有效。针对可能出现的技术依赖、数据安全、伦理争议和区域适配等风险，制订了一系列防控措施，保障教学改革的顺利推进。

案例 7：人机互动的公共外语项目实践

吴佩莎

1. 痛点

传统公共外语教育面临“三失”危机：

其一，数字化失语，导致教学手段滞后。

其二，实践性缺失，弱化育人成效。

其三，个性化失焦，加剧学习鸿沟。

2. 目标

面对以上问题，本案例依托汕头大学语言自习中心（下称 CILL），通过数智化资源整合，构建“智能系统 + 智联社群 + 智慧服务”三位一体的外语通识教育创新实践平台，旨在形成可复制的“人工智能（下称 AI）赋能通识教育”实践范式，构建“知识内化—能力迁移—价值塑造”的外语育人新生态，为高等教育数字化转型提供创新样本。旨在解决以下关键问题并达成以下具体目标：

其一，学生国际传播实践短板：通过“AI 陪练 + 课程 + 真人互动”三轨联动，搭建虚实融合的跨文化交际实践模式，强化学生国际传播能力；

其二，教师教学效能瓶颈：构建外语第二课堂“师—生—AI”协同模式，形成可推广的《外语第二课堂人机协同操作指南》；

其三，学生口语能力薄弱：部署 AI 口语陪练系统，形成“自主训练—课堂强化—社群实践”协同机制，系统性提升学生的外语表达力；

其四，课堂分层教学困境：建立 AI 驱动的分级资源匹配体系，联通课内教学与课外活动，实现个性化学习闭环。

3.AI 赋能

其一，三轨联动赋能跨文化交际力。

（1）CILL 联动在校留学生开展语言交换服务及跨文化交际工作坊，突破传统语言课堂跨文化实践局限，搭建“AI+ 课程 + 真人”国际传播实践平台：移动端 AI 口语陪练模拟多场景交流、多国英语变体，培养语境适应力；“语言与跨文化交际”通识必修课程增进跨文化交流知识与技能；CILL 沉浸式语言学习实体空间创设跨文化交际实践机会，全方位培养学生跨文化交际力及国际传播力。

（2）CILL 开展了对外汉语辅导（The Chinese Room）、英语口语练习工坊（Speech and Conversation Studio）和资源导览服务（CILL Guided Tour）等个性化语言学习服务，为国内外学生提供语言实践与文化互动的平台。对外汉语辅导面向外籍教师及国际留学生，通过 AI 分析个体需求，定制个性化学习计划，生成实用情景对话，并推送相关文化背景知识，帮助学生在提升中文能力的同时深入了解中国文化。英语口语练习工坊则为本地学生创造了与国际留学生互动的机会，AI 技术在这一过程中通过语音分析、语法纠正和实时翻译等功能，为学生提供全方位支持。学生在真实语境中练习英语时，能够结合 AI，捕捉语调、语速和语法上的问题，并提供即时反馈，帮助他们快速改进。此外，还可以利用 AI 共同制订多样化交流主题，在促进语言学习的同时，也加深了学生对国际文化的理解。

（3）在资源导览服务中，AI 技术帮助学生从语言能力到跨文化交流能力实现全面提升。学生在承担导览任务时，AI 会分析访客的语言需求和文化背景，生成导览需求模型，并为学生提供多语言导览脚本，确保导览内容契合访客兴趣。结合模拟真实场景的导览培训计划，AI 实时提供语音翻译和内容补充功能，帮助学生更从容地应对复杂的跨文化交流情境。这不仅锻炼了学生的语言表达能力，也为他们搭建了跨文化交流、对外传播中国文化的桥梁。

其二，构建第二课堂人机协同新模式。

本项目以“第二课堂人机协同”为核心，实践过程中，AI 提供基础性服务反馈，教师聚焦高阶能力培养与价值引导，导生作为师生协同的枢纽，承担 AI 工具应用指导与个性化辅导衔接职能，实现人机分工增效。通过明确外语教师角色转型路径（从知识传授者转向自主学习支持者），构建教师效能提升三步实施路径：

（1）教师合作学习——构建“AI赋能自主学习”教师专业发展社群：开展“智能工具应用—学情分析—资源开发”三阶研修，通过“理论研修—案例拆解—协同开发”循环，聚焦学生语言自主学习力的培养，形成外语教师数字素养发展支持体系。

（2）师生协同实践——建立“师—生—AI”协同服务链：培养导生团队，培训其运用 AI 工具开展个性化辅导；教师主导设计“AI 赋能语言学习”工作坊，指导学生开展资源检索、跨文化虚拟实践等进阶训练；构建师生共研机制，定期分析学情报告，动态优化服务策略。

（3）模式总结优化——形成可迁移方法论：通过多维度成效评价推进持续改进。实施量化评价：追踪教师备课时长、学生服务覆盖率等效能指标，对比分析人机协同前后变化；实施质性评价：进行焦点小组访谈，采集师生反思日志，提炼最佳实践案例；最终形成可推广的《第二课堂人机协同操作指南》，为高校外语教师数字化转型提供可迁移的方法论支撑。

其三，课内外协同提升外语表达力。

（1）部署 AI 虚拟语伴陪练专业平台 TalkPal，形成“自主练习—课堂进阶—课外实战”三级训练链。TalkPal 提供 300+ 场景对话（如学术研讨、商务谈判）、实时反馈及进度跟踪等功能，亦支持多语言学习，可供学生全天候、多平台、在丰富的场景化训练中增强外语应用能力。

（2）依托公共外语通识课课内英语口语考核机制和课外英语活动加分机制，学生可进行线上自主练习、线下课堂实践、课外社群延伸。通过技术赋能联通课内外，帮助学生有效突破外语口语输出的瓶颈，提升外语表达流畅度。

其四，建立外语资源匹配机制。

（1）AI 赋能 CILL 馆藏资源活化，形成可复制的分级阅读资源匹配方案。根据学生高考成绩、英语四六级考试成绩及其个性化学习目标，依托馆藏牛津书虫系列分级读物，参考蓝思阅读分级体系，利用外研在线 Unipus 智能教学平台及专用 AI 智能体工具匹配分级读物和多媒体视听说资源。课内基于馆藏资源的英语分级阅读计划、多元文化阅读计划、跨文化电影赏析计划融入本校大学英语课程，课外同步配套“21 天分级阅读马拉松”等英语活动，实现“英语测试—资源匹配—课内赋分—课外追踪”的闭环，切实落地公共外语课内外协同育人。

（2）CILL 还依托 AI 技术，结合馆藏资源，将英语分级阅读、多元文化阅读和跨文化电影赏析计划融入大学英语课程，推动学生在课外语言学习中的自主性和深度探索。作为课堂之外的重要学习空间，CILL 开展了一系列课外协同育人项目，其中 AI 的应用尤为关键。CILL 利用 AI 支持英语分级阅读、多元文化阅读和跨文化电影赏析计划：AI 根据学生兴趣和语言水平动态推荐书籍或影片，提供摘要、注释和背景信息，降低学习障碍。同时，AI 推送的延伸阅读资源与讨论框架，不仅激发了学生的深度思考能力，也进一步拓展了他们的文化认知。基于学生的阅读与观看反馈，AI 能动态调整推荐内容，确保资源的多样性与适切性，同时为教师提供数据支持，帮助制订后续学习计划。

4. 创新之处

其一，“智能系统 + 智慧服务 + 智联社群”融合的通识教育创新实践平台。CILL 不止步于智能系统的部署，而是进一步配套线下“智慧服务”与线上“智联社群”，优化学生学习路径，激发并维持学生自主学习的内生动力，满足学生多样化的自主学习需求。

其二，“学生主导 · 教师辅助 · AI 增强”的外语服务学习新模式。CILL 创新性地将学生从语言学习者转化为语言使用者，通过一系列服务让学生在真实情境中实践语言技能，构建“学习—实践—反思”的生态闭环。通过重构师生角色、重塑工作流程，推动外语第二课堂实践向“精准化、个性化、可持续化”方向发展。

其三，“资源活化 · 场景服务 · 社群运营”的外语自主学习生态创新范式。CILL 借助数智化手段活化实体图书及多媒体资源，为学生打造沉浸式自主学习体验；针对日常交际、应试备考等需求，依托 AI 平台（如“咕噜口语”“雅思之路”）构建“即学即练”的真实语言场景，支持场景化语言服务；基于学习目标（如四六级、雅思备考等）与练习数据，支持学生依托数据自主组建学习互助社群，AI 辅助生成轻量化活动（如“每日英语话题”“21 天错题打卡”等），并以学习资源兑换、优秀成果公示等机制提升参与黏性，增强学生归属感与自主学习效能。

5. 教学效果

其一，应用规模。截至 2024 年，汕头大学语言自习中心（CILL）年均服务师生超 2 万人次，个性化语言服务与语言学习工作坊使用率达 80%。

其二，第三方评价。2025 年 2 月 CILL 管理团队受邀赴香港中文大学、香港理工大学、香港城市大学调研。年均接待国内外高校考察团 10+ 批次，验证了模式的可迁移性，也为 AI+ 模式后续的推广提供了平台保障。

其三，示范作用。破解公共外语教育规模化与个性化的矛盾，构建“资源活化—场景服务—社群运营”三维体系，为高校图书馆转型为学习支持中心提供路径；形成“轻量化部署 + 本土化适配”的技术应用范式，降低高校数字化转型门槛；本案例“技术赋能—教育重构—生态进化”的递进逻辑，对推动新时代外语教育高质量发展具有标杆意义。

案例 8：基于 BOPPPS 的混合式英语教学项目

张　欣

1. 痛点

其一，自主学习落实不足：学生自主学习时间比例有待提高，激发学生学习兴趣和潜能的教学改革尚需深化，学生主动学习的内生动力不足。

其二，课程建设质量待提升：线上线下混合“金课”数量不足，数字化课程资源难以有效支撑创新人才培养，与“双一流”高校相比，数字教材缺乏，新型数字化课程资源覆盖面不广、利用率不高。

其三，教学服务受限：英语自主学习中心服务受空间和人力限制，东海岸校区学生难以充分享受学习资源和服务。

2. 目标

其一，构建教学新模式：打造以学生为中心的线上线下混合式教学模式，开设以“自主语言学习”为主题的在线课程，融入课程考核，引导学生自我管理、主动学习。

其二，丰富教学资源：借助生成式人工智能开发线上慕课，完善数字化课程资源，形成多元协调的英语学习云服务体系。

其三，培养自主学习能力：创设多样化学习情境，促进学生由“被动学习”向“主动学习”转变，达成英语语言中心培养学生自主学习、沟通和跨文化交际能力的教学目标。

3.AI 赋能

其一，借助 DeepSeek 进行语言水平测试及个性化学习。教师组织学生使用 DeepSeek 进行语言水平测试，根据 DeepSeek 提供的分析报告，教师为每个学生制订个性化的学习计划，同时，推荐适合学生的学习资料。学生在学习过程中，定期使用 DeepSeek 进行阶段性测试。教师根据测试结果，及时调整教学策略和学生的学习计划。

其二，利用豆包智能体开展对话练习。创设真实场景：教师可以围绕大学英语教材中的单元主题，鼓励学生借助豆包智能体扮演不同角色，在贴近真实学习生活的互动中进行语言输出。智能体可针对发音准确度、语法规范性及表达流畅度提供即时反馈，助力学生沉浸式练习口语，提升语言表达的自信与熟练度。

其三，通过批改网实现高效写作反馈。在日常英语写作教学中，教师布置写作任务后，要求学生将作文提交至批改网。

其四，借助 Notebook LLM 生成学习资料。利用 Notebook LLM 生成课后拓展资料，纳入线上智慧课程。

其五，运用 TTSMaker 生成听力学习材料。教师将大学英语教材中的课文、对话等文字内容输入 TTSMaker，选择合适的语音类型和语速，生成标准的英语听力音频。根据学生的听力水平差异，教师可以通过 TTSMaker 调整音频的难度。

本案例的教学测评方法及手段见图 2-25。

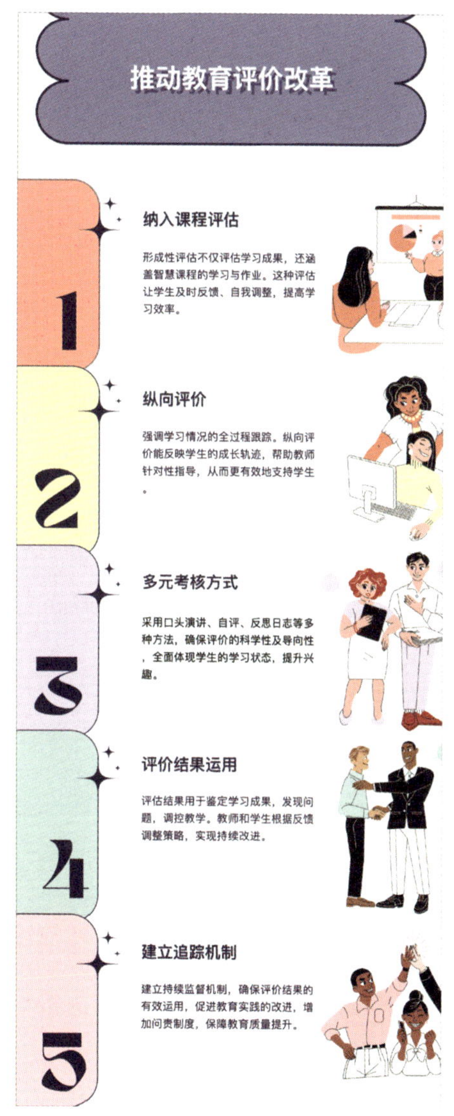

图 2-25　本案例的教学测评方法及手段

4. 创新之处

其一，主要创新内容：

本案例是人工智能助力下的BOPPPS教学模式（图2-26），以学生利用人工智能工具进行自主学习、自我诊断和自我提升为核心，教师起到引导和辅助作用。AI赋能的BOPPPS教学模式则在此基础上，通过AI技术助力各环节实施，如利用AI设计互动活动，借助AI分析前测、后测数据，进一步提升教学的精准性与有效性。

图2-26　BOPPPS教学模式

其二，应用实践突破内容：

本案例采用了人工智能在自主英语学习领域创新应用于教学资源开发建设，创新点为将人工智能深度整合课程设计与教学实践，作为提升学生语言能力的核心动力。构建智能辅助教学系统，提供个性化、互动性学习环境，可依学生情况动态调整教学方式。让学生利用人工智能平台（例如豆包、DeepSeek）诊断分析自身语言能力并科学采纳结果。在线课程教授学生用人工智能工具辅助学习，能提高学习效率、激发兴趣，获得及时且多样反馈，使学生在自主灵活环境中掌握英语，目标是培养适应未来技术发展、具自主学习能力的终身学习者，对国内高等教育发展和人才培养有积极意义与价值。

5. 教学效果

其一，当前应用规模：

（1）课程认证与教学轮次：该课程已获得汕头大学线上线下混合式一流课程认证。课程自开设以来，已成功进行了 10 轮教学，累计有 1200 余名学生受益。

（2）技术应用与学生受益：从 2019 年秋季学期开始，该课程采用多样的 AI 技术辅助写作反馈及批改。2023 年，通过 AI 技术，生成适合学生听力水平的音频，供他们练习使用。2024 年，使用 AI 技术进一步补充开发了线上慕课资源课程。

其二，案例获奖情况见表 2-1：

表 2-1 本案例所获奖项

序号	奖项名称	授奖单位	获奖时间
1	全国外语微课比赛全国二等奖，广东省一等奖，广东省三等奖	中国高等教育学会	2019 年 11 月

（续表）

序号	奖项名称	授奖单位	获奖时间
2	广东省优秀在线教学案例二等奖	广东省本科高校在线开放课程指导委员会	2020 年 5 月
3	线上线下混合式一流课程（大学英语 2 级 ELC2）	汕头大学	2021 年秋季学期
4	线下一流课程（大学英语 2 级 ELC2）	汕头大学	2022 年春季学期

案例 9：基于 GPT-4 的“反应停事件”项目

李俨书

1. 痛点

其一，认知障碍。药物立体化学、毒性机制等抽象概念，如手性毒物构效关系、代谢动力学原理，依赖空间想象力，传统二维图示教学使超 60% 学生存在理解偏差。

其二，伦理缺位。现有课程侧重科学原理传授，缺乏对药品研发伦理决策的系统训练，学生面对真实场景中的利益冲突与责任权衡时应对困难。

其三，实践脱节。受设备与课时限制，本科生难以接触 HPLC-MS 等高端仪器，质量控制技术仅停留在理论认知层面。

其四，传统教学对“反应停事件”的呈现存在局限。历史还原度低，无法动态展示复杂因果关系链；未结合前沿技术，难以培养符合新医科要求的复合型人才。

2. 目标

其一，构建 AI 赋能的沉浸式学习系统，帮助学生理解抽象的科学原理，突破认知壁垒。

其二，建立“科学—伦理—实践”三维能力培养框架，提升学生职业素养。

其三，形成可复制的“毒理学 +AI”教学模式，为新医科建设提供支持。

3.AI 赋能

其一，打造沉浸式角色扮演系统。设计“化身分子侦探”任务，让学生在虚拟场景中操作分子、模拟代谢过程；设置“穿越时空的药企精英”挑战，让学生在虚拟药企中面临利益与良知的抉择，在不同角色体验中学习毒理学知识和伦理决策。

其二，开展虚实联动的实战训练。在元宇宙实验室设置“虚拟实验室闯关”任务，如“鬼峰追捕令”“方法开发竞速赛”等；建立“区块链实验护照”机制，学生虚拟实验成就可兑换真实仪器操作权限。

其三，实现学习数据的个性化应用。根据学生 28 项行为指标生成专属角色卡，针对不同类型学生推送相应学习任务或辅导；通过学生学习数据的分析，促进学生学习积极性提升和硬技能飞跃。

4. 创新之处

其一，创新教学模式。采用动态时空折叠教学法，构建“历史重演—技术验证—未来预演”教学逻辑链；建立多维度角色转换机制，让学生从不同角色体验中学习知识和技能。

其二，实现技术创新。开发多模态生成引擎，实现跨模态知识转化和动态情境生成；构建虚实联动实验系统，通过区块链实验护照和成本效益可视化，提升实验教学效果。

其三，注重能力培养创新。绘制科学严谨性图谱，量化学生实验能力；构建伦理敏感性雷达，评价学生职业素养。

5. 教学效果

其一，应用成果显著。形成“AI+ 毒理学”教育新范式，缩短理论教学课时，提升学生知识留存率；组建跨校联盟开展竞技活动；部分学生设计得到产业推广。

其二，社会经济价值凸显。虚拟实验降低试剂消耗，实现降本增效；提升毕业生在医药企业相关岗位就业率和 IND 申报材料通过率，缩短药企入职培训周期。

其三，示范引领作用突出。创新教育范式，推动教育从知识记忆向责任塑造转型；为跨学科融合提供多模态教学资源开发范式。

其四，有效应对风险。针对技术风险，采用专家知识库校验和区块链智能合约等技术手段；针对伦理风险，运用联邦学习技术和多伦理委员会审核机制加以应对。

案例 10：虚拟病人的精神科全病程管理项目

李 韵

1. 痛点

其一，学科融合尚且不足：传统医学教育缺乏与人工智能（AI）、生物学、工学的深度融合，学生在应对现代医疗场景中跨学科的技术需求尚未得以满足。

其二，实践资源有限：传统实验受限于物理条件（如患者样本、设备），较难提供高灵活性的模拟临床环境（如虚拟患者、虚拟医院），限制了学生的临床操作与科研训练机会。

其三，教学模式较为单一：以“理论讲授”为主的传统模式，在培养学生解决复杂医学问题的实践能力，自主学习和团队协作的能力上，尚有提升空间。

其四，AI 技术尚未涉及：学生在医学研究中 AI 技术、大数据分析等前沿工具的应用涉及少，学生缺乏在 AI 模型（如医学影像分析、药物设计）的真实场景训练。

2. 痛点

其一，精神科教材内容局限且滞后。

其二，临床实践机会少，病种覆盖程度难以保障，不利于精神科医师专业技能培养。

其三，不同层次的精神科人才培养计划未明确予以区分。

3.AI 赋能

其一，临床授课教材教案与前沿科学进展相结合。通过人工智能技术与模型训练，在现有的理论授课框架基础上，整合国内外前沿的学术进展及补充阅读材料，注重各诊疗流程和子课程间的过渡和衔接，实现与国际接轨的理论知识培训和各理论板块间的系统整合；数字化智慧化课程可作为“AI 临床助手”接入病历系统，在学生预见习、见习期间提供问诊后书写病历的锻炼机会，并实时评分及提出修改意见。

其二，打造虚拟病人形象，模拟多种精神症状，增加全病程技能培训机会。通过人工智能建立基于教材内容和真实世界案例、覆盖全病种的案例库。

其三，对不同层次培养计划予以区分，构建人才培养体系。完善智慧化课程设计，实现依据不同培养层次学生的培养目的与计划，开通不同课程与功能，保障教学成效。

4. 创新之处

其一，教学教育内容创新。采用传统理论教学内容（基于普通高等教育国家级规划教材）与全球前沿精神科教材及科学研究发现相结合的方式，让教学内容与世界接轨。

其二，专业技术培训模式创新。通过构建虚拟病人的智慧化伴学模式，助力精神科人才培养。

其三，人才培养模式创新。本课程创新性地提供高区分度的培养计划，以满足不同人才培养需求。

其四，教学应用及专业技术培训突破。成功打造智慧化教学资源生成与共享平台；通过智慧化打造虚拟病人，突破时间与空间限制。

5. 教学效果

其一，课程教学效果。采用 AI 数字化技术，学生更容易理解理论课内容；AI 赋能帮助精神科课程建设更深入，通过全病程的追踪管理，学生能够动态跟踪学习一个患者的起病、好转、痊愈、复发等多个临床情景，增加临床经验。

其二，社会经济价值。AI 赋能教学，有效提升精神卫生学专业的教学质量与人才培养效率，提升精神科人才的岗位胜任力，从而间接地减轻社会医疗负担，提升诊疗体验，减少疾病复发风险。

其三，示范引领作用。该课程建设获得“广东省一流本科课程（线下课程）”、汕头大学医学院 2004 年教学成果二等奖等奖项，并辐射粤东地区等多家医学院校、医院，惠及学生及临床医生 500 余人次。目前已有多所医学院校增设独立的“沟通技能”课程，沟通技能已纳入精神科住院医师规范化师资培训、广东省精神科转岗医师培训内容之一。

案例 11：“AI 驱动”药物设计的智能医药项目

林李锐、东　庚

1. 痛点

其一，学科融合尚且不足。传统医药课程尚缺乏与人工智能、计算模拟的深度融合，学生在应对现代药物设计的场景中，跨学科的技术交叉尚未得到满足。

其二，教学模式较为单一。以“理论讲授”为主的传统模式，较难提供高参与度的实践教学环境，限制了学生的思维想象与动手实践机会。

其三，实践资源有限。传统药物设计课程，受限于实验条件（如化合物合成、生物化学实验等），一方面参与实验的学生数量，受到限制；另一方面，在面对微观生物体系、复杂药物成分时，考虑到其复杂性与安全性，较难通过实验取得验证。

其四，AI 技术尚未涉及。学生在药物设计中，AI 技术、大数据分析等应用涉及较少，学生缺乏 AI 模型（如受体配体对接、药物结合力预测）的真实场景训练。

2. 目标

其一，构建“理论—实践—案例”项目式实践教学。学生以小组为单元，参与从靶点分析到分子优化的全流程项目学习，实现内在驱动、自主创新的提升。

其二，通过 AI 实践，提升学生构建分子模拟、药物设计等科学场景的能力。学生在计算机上建立生物模型，加上 AI 算法，实现对生物体系的数字化与智能化的过程。

其三，探索新医科背景下“医学 + 生物学 + 工学”跨学科教育模式。学生不仅仅是理论 + 实验，还可以通过计算模拟的方式，实现智能科学的新范式（AI for Science）。

3.AI 赋能

本案例以“靶向肿瘤中 Fascin 蛋白的小分子抑制剂的药物设计”为切入点，结合《生物信息学》课程，在计算模拟的基础上，构建 AI 驱动的生物模拟、药物设计全过程，让学生在 AI 的赋能下，实现对生物医学知识“看得见、练得到、学得好”的目标。

其一，构建生物模拟体系。以蛋白质晶体结构为基础，在计算机建立其坐标信息，通过分子动力学模拟软件 AMBER 构建其分子间力场，设置模拟实验条件（pH 值、气压、温度、离子解离常数、水溶液模型等），实现生物体系模型的数字化。（图 2-27）

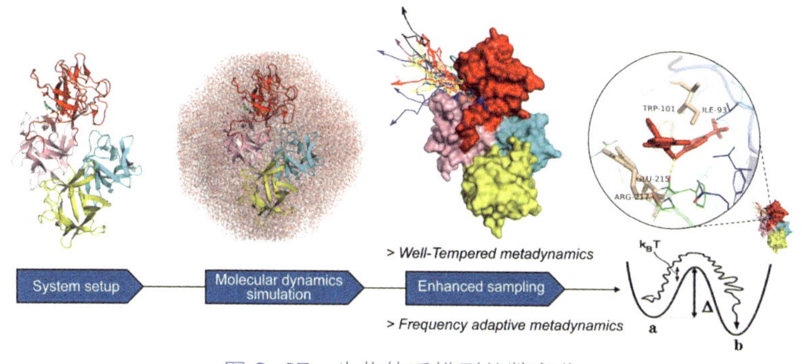

图 2-27　生物体系模型的数字化

其二，构建 AI 驱动模型。如图 2-28 所示，通过神经网络参数化的物理能量项，针对靶点蛋白和药物小分子进行特征学习，学习其潜在的物理定律。引入混合密度网络（MDN），进一步修正经典能量方程以计算绝对结合自由能。

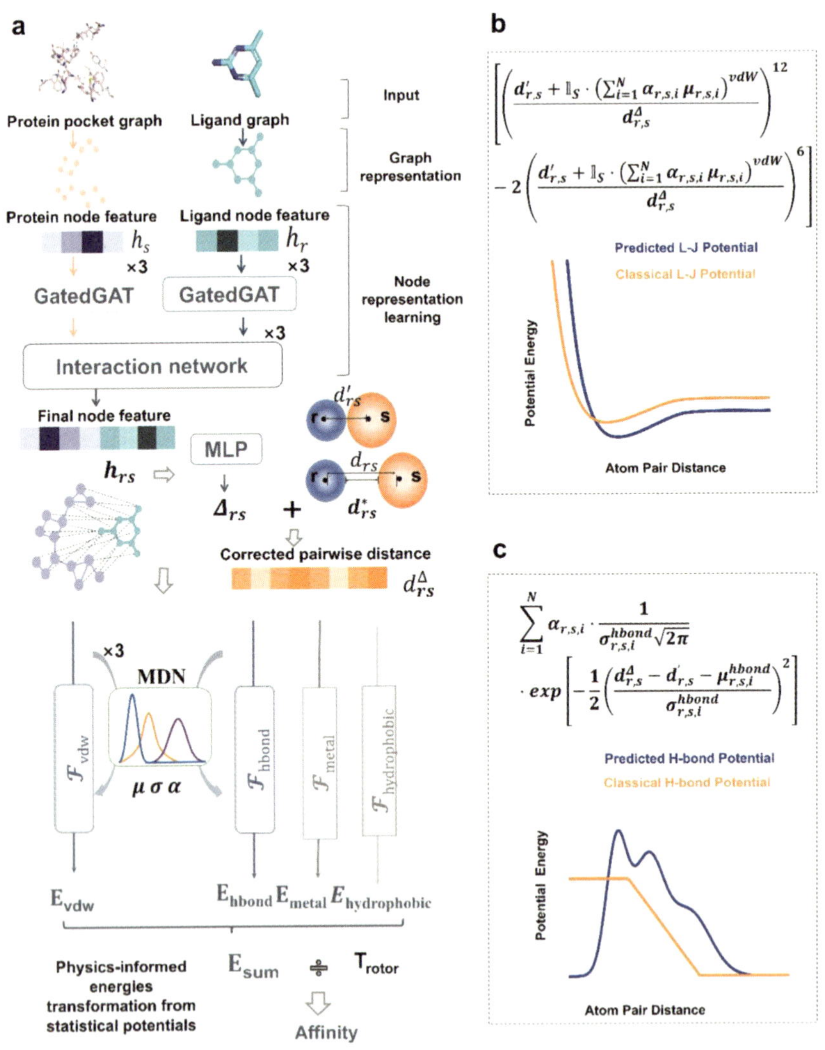

图 2-28 应用 AI 驱动的药物设计

4. 创新之处

其一，内容创新。

（1）教学模式的创新。课程内容覆盖了人工智能、医学疾病、分子生物学、生物信息学和药理学等多个学科，以基于项目的学习模式，强调学生自主学习和团队协作，由于 AI 驱动的计算模拟，具有低成本、容试错的特点，因此赋予学生更高驱动力，促进其进行大胆创新。

（2）技术应用的创新。一方面，通过人工智能、数学、计算机等技术，实现在埃米、皮秒的微观层面上，对人类生命活动进行探索。另一方面，在教学中应用 AI 技术，是以人工智能和数据驱动为核心的新型研究范式，将助推学生在生命科学领域，进入智能化学习时代。

其二，技术突破。

药物筛选技术的开发。项目与北京大学的药物设计课题组合作，通过引入人工智能等核心技术，平台实现了教学内容的可视化和交互化，提升学生对药物研发流程的理解。

5. 教学效果

其一，应用前景。已在汕头大学医学院部分专业试点，未来计划推广至更多学生。以校企合作的运行模式，实现资源共享。

其二，社会经济价值。为医药行业输送 AI 技术人才，推动精准医疗发展，特别是靶向药物的研发。

其三，示范作用。以“计算模拟 +AI 驱动”的模式，为高等教育跨学科融合提供可复制的经验。

案例 12：基于 DeepSeek 的病史采集自主训练与评价项目

施楚君

1. 痛点

传统医学培训主要依赖标准化病人（SP），面对面的沟通则在培养医学生的医患交流能力和人文素养方面展现出独特的优势，但仍有以下缺陷：

其一，SP 模式存在培训和使用成本较高、角色扮演和反馈能力不一、招募人数有限难以大规模推广等缺陷。

其二，限制了训练的规范化、同质化和可及性，无法满足大规模教学和学生课后个性化训练的需求。

2. 目标

亟须探索新的训练模式，突破 SP 模式的局限，为医学生提供可反复练习的自主训练环境和多样化临床场景。

3.AI 赋能

其一，技术研发与架构设计。设计并开发基于国产大语言模型 DeepSeek-V2.5（现已升级到最新的 DeepSeek V3 20250324 版本）的病史采集自主训练与评价系统，采用 B/S 架构，基于 ASP.NET 框架开发，于后端集成 DeepSeek API。系统功能结构如图 2-29 所示。

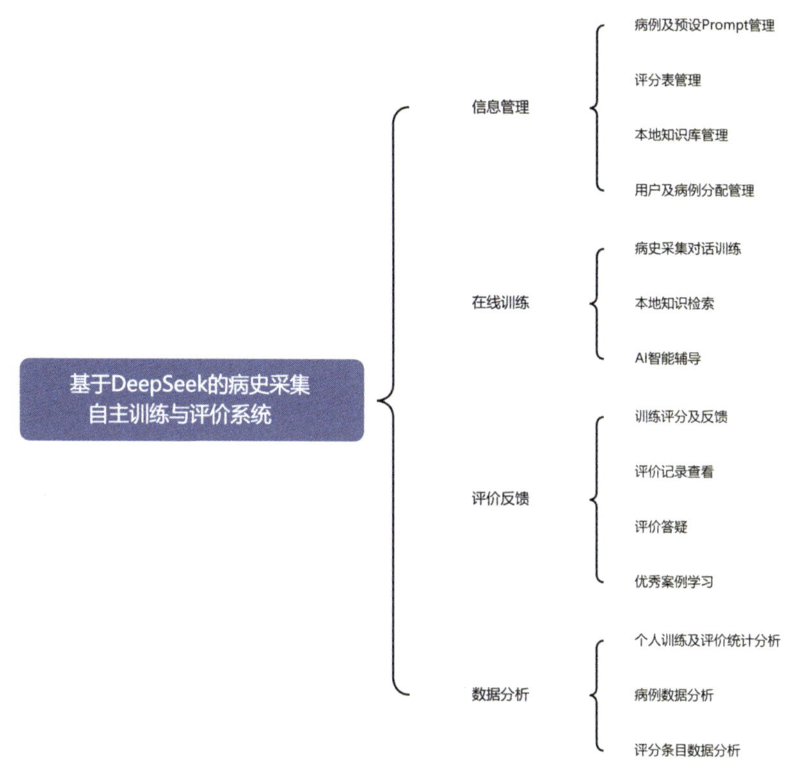

图 2-29　系统功能结构图

其二，AI 优化与功能创新。调节大模型参数以抑制大模型输出的随机性；采用规则限制、多重验证应对“幻觉”问题；提升评价透明度；增强人机一致性。

其三，构建病例库。根据病史各部分重要性设定评分条目并分配分数。

其四，实际应用教学效果验证。收集了问诊对话记录和 AI 生成的评价报告，同时由资深教师进行人工评分作为对照。

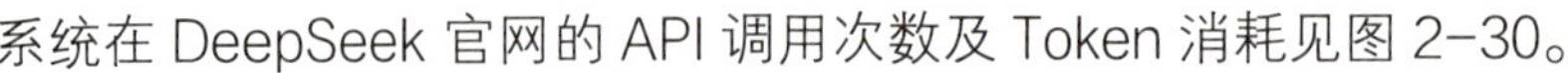

系统在 DeepSeek 官网的 API 调用次数及 Token 消耗见图 2-30。

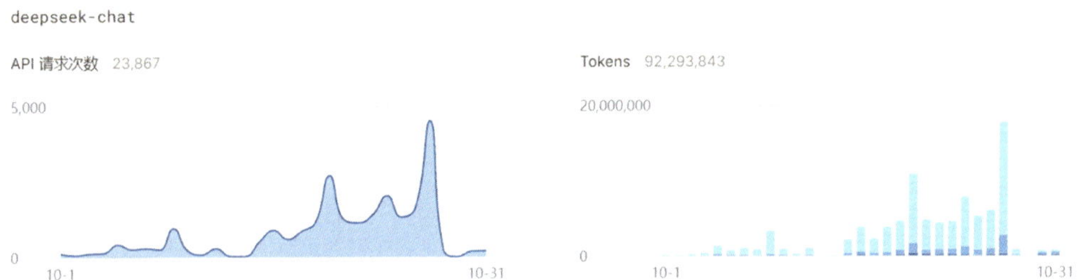

图 2-30 系统在 DeepSeek 官网的 API 调用次数及 Token 消耗

4. 创新之处

其一，教学模式创新。构建了“AI 虚拟病人 + 自主训练 + 即时评价反馈”的病史采集教学新模式。

其二，技术应用创新。成功将先进的 LLM 技术和国产大语言模型 DeepSeek 有效应用于医学技能训练与评价场景；通过创新的验证机制，有效缓解了 LLM 固有的“幻觉”问题在评价环节的负面影响；实现了 LLM 从“能对话”到“能可靠评价”的跨越，解决了 AI 评价在医学教育应用中的关键瓶颈之一。

其三，应用实践突破内容。

（1）实践可行性验证：首次在多病种、不同难度临床场景下系统性验证了基于 LLM 的病史采集训练与评价系统的评价人机一致性、评价稳定性、评价透明度；

（2）AI 驱动的反馈闭环：基于 LLM 的自动化评价系统，实现了病史采集训练的实时反馈闭环；教育资源优化，降低了对较高成本的 SP 资源的依赖，提高了优质教学资源的可及性，使大规模、常态化病史采集训练成为可能；

（3）推动智能化教育：为 AI 技术在医学教育乃至更广泛高等教育领域的深度融合与创新应用提供了成功案例和实践经验。

5. 教学效果

其一，获得著作权。在本项目中自主研发的系统“基于大语言模型的病史采集自主训练与评价系统 V2.0”已于 2024 年 12 月 31 日取得中华人民共和国国家版权局计算机软件著作权登记证书（证书号：软著登字第 14651073 号）。

其二，社会经济价值。降低教育成本、提升教学效率、人才培养质量提升潜力、推动教育技术自主创新。

其三，示范引领作用。作为国内较早（2024 年 7 月开始）利用国产大模型 DeepSeek 成功研发并实践验证的医学教育应用案例，具有重要的示范作用。

其四，第三方评价。对参与教学实验的 31 位学生用户进行了问卷调查，调查数据如图 2-31 所示。

AI病史采集调查问卷

第1题：您的性别：［单选题］

选项	小计	比例
男	13	41.94%
女	18	58.06%
本题有效填写人次	**31**	

表格 饼状 圆环 柱状 条形 折线

第2题：病史采集训练中的个人感受［矩阵多选题］

查看详细信息

题目\选项	非常认同	认同	中立	不认同	完全不认同
AI病史采集系统可以满足您课余病史采集训练的需求	12(38.71%)	15(48.39%)	4(12.9%)	1(3.23%)	0(0%)
您认为使用线上AI问诊练习可以提高您对结构化询问病史掌握程度	17(54.84%)	12(38.71%)	1(3.23%)	2(6.45%)	0(0%)
参与课余线上AI问诊训练有利于提高您的医患沟通技能和应变能力;	13(41.94%)	11(35.48%)	2(6.45%)	5(16.13%)	0(0%)
AI问诊系统的评价反馈非常有价值，给您的学习帮助很大;	14(45.16%)	11(35.48%)	5(16.13%)	1(3.23%)	0(0%)
您愿意继续使用AI问诊系统进行病史采集训练	15(48.39%)	11(35.48%)	4(12.9%)	1(3.23%)	0(0%)
您愿意将AI问诊系统推广给其他医学生使用;	17(54.84%)	11(35.48%)	2(6.45%)	1(3.23%)	0(0%)

表格 柱状 条形 折线 雷达

图 2-31　调查问卷数据

其五，案例相关图片。包括：学生病史采集练习记录（图 2-32）、人工与 AI 系统评分的相关性分析记录（图 2-33）、论文投稿国际医学教育杂志记录（图 2-34）等。

学生问诊练习记录

学生姓名　学号　所有班级　咳嗽（病例编号2）　所有状态　搜索　导出Excel

练习ID	学生姓名	学号	病例名称	练习时间	完成状态	AI得分	教师评分	分数相差占比	用时(分钟)	总对话轮次	查看详情
323			咳嗽（病例编号2）	2024-10-27 12:22:08	已完成	59	59	0.0%	47	103	查看
319			咳嗽（病例编号2）	2024-10-27 01:12:50	已完成	51	51	0.0%	34	57	查看
304			咳嗽（病例编号2）	2024-10-26 16:50:56	已完成	31	32	1.4%	33	53	查看
302			咳嗽（病例编号2）	2024-10-25 21:40:29	已完成	44	48	5.7%	55	89	查看
298			咳嗽（病例编号2）	2024-10-25 19:28:02	已完成	44	45	1.4%	38	57	查看
292			咳嗽（病例编号2）	2024-10-25 10:49:22	已完成	52	56	5.7%	49	89	查看
290			咳嗽（病例编号2）	2024-10-24 21:34:34	已完成	55	55	0.0%	37	72	查看
266			咳嗽（病例编号2）	2024-10-23 14:26:18	已完成	51	53	2.9%	38	79	查看

图 2-32　学生病史采集练习记录

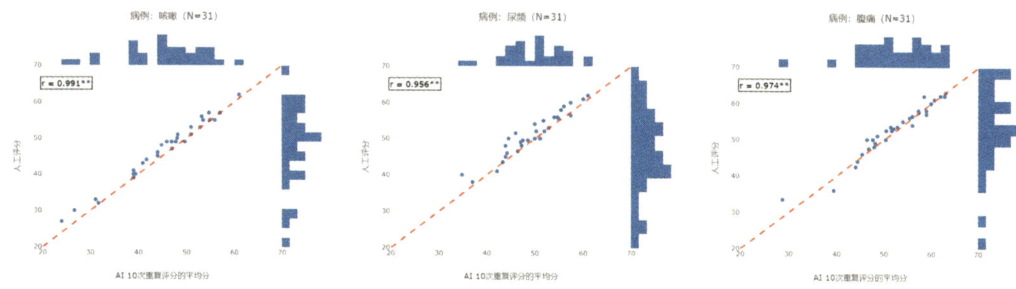

图 2-33　三个病例人工与 AI 系统评分的相关性分析

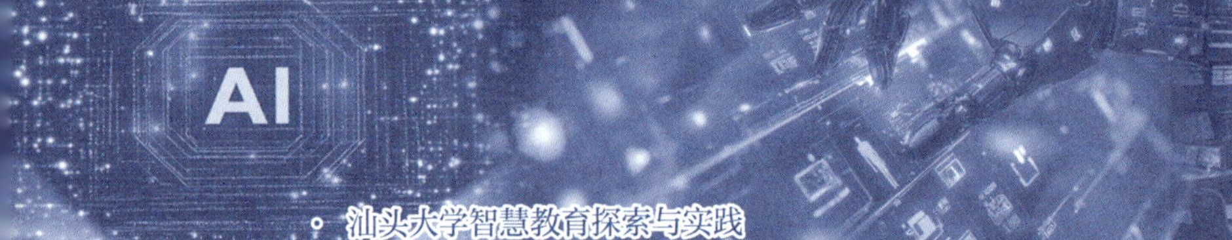

TITLE:
Development and Validation of a Large Language Model-Based System for Medical History-Taking Training: A Prospective Multi-Case Study on Evaluation Stability, Human-AI Consistency, and Transparency

SECTION:
Virtual Patients

EDITOR:
Sreenivasulu Reddy Mogali

Peer Review

Round 1 - (Current Status: External Reviews Completed, Waiting for Editorial Decision)

Review Version	73419-1098300-1-RV.doc 2025-03-04
Initiated	2025-03-05
Last modified	2025-03-10

图 2-34　基于本案例撰写的论文已投稿国际医学教育杂志

案例 13：“教—学—评”一体化智能眼科教学项目

张铭志、王泓熹

1. 痛点

当前的眼科学教学存在一些问题，难以适应新医科背景需求，具体如下：

其一，教学资源匮乏且过时，缺少真实场景的教学资源和实践平台，教育与产业需求不匹配。

其二，教学仍停留在教师主动输出知识阶段，师生互动不足，缺乏对学生主动学习的引导。

其三，标准化教学，单一评价方式，无法满足个性化需求，学生学习兴趣不高。

2. 目标

针对以上问题，亟须探索新型教学体系，实现：

其一，教学模式向“师—生 / 人—机”深度交互转变。

其二，学习范式向“自主学习”转变。

其三，评价方式向“多元评价”转变。

3.AI 赋能

“教—学—评”全方位、“课前—课中—课后”全过程、“课堂—医院—社区”多场景智能串联。

其一，基于医院数据建设 AI 模型，在医院层面用 AI 模型指导临床诊疗，提升医疗水平；

其二，在教学层面利用优质临床数据生成智能案例库和习题库，应用 AI 模型提供教学助手、人机交互、智能评测等功能；

其三，社区层面通过 AI 健康监测和健康教育提高群体健康水平，反哺 AI 大模型的数据积累。将医学院、医院和社区通过 AI 大模型进行场景串联，形成 AI 数据联盟，促进医学领域的创新和发展。

AI 赋能下的结构化病历系统即时教学流程见图 2-35。

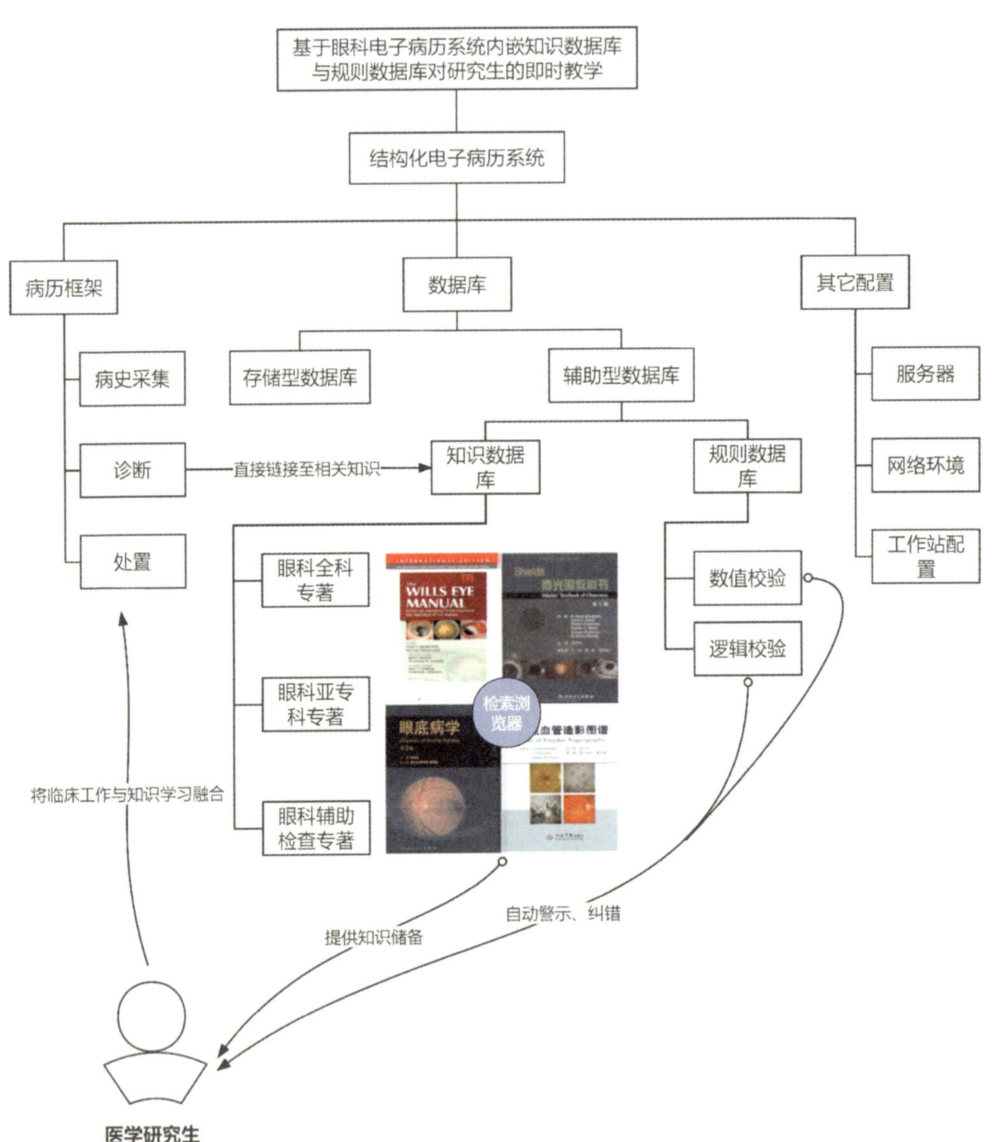

图 2-35 结构化病历系统即时教学

4. 创新之处

其一，教育教学模式创新。构建个性化“教—学—评”一体化智能教学模式；通过人机交互教学，让学生在实践中提升诊断能力，革新教学评价方式，基于 AI 标准对诊断进行精准评价。

其二，技术应用创新。将人工智能技术深度融入眼科学教学，利用 GAN 生成逼真的教学图像资源，解决教学资源匮乏与版权隐私问题。

其三，技术突破。自主研发的全球首个可以识别 39 种眼底疾病及病变特征的多病种人工智能检测平台，覆盖自早产儿至老年全生命周期，突破了传统单病种眼底病人工智能诊断系统误诊漏诊的难题和局限，总体检测敏感性和特异性均大于 0.97，相关成果已经发表于国际顶级期刊《*Nature Communications*》（IF14.919），处于国际领先水平。

其四，教学应用实践突破。成功打造智能教学资源生成与共享平台，为医学生及医生提供丰富、便捷的教学资源；开展人机交互眼病诊断教学，创新教学方式，显著提升学生诊断技能与教学效率，推动教育数字化转型。

其五，人才培养实践突破。通过本案例教学模式，培养出具备更强眼病诊断能力的医学人才，为眼科学领域输送高质量专业人才，助力新医科背景下医学人才培养模式革新，提升医学教育整体质量。

其六，知识产权情况。本案例中的知识产权已成功转化为实际应用，相关技术成果通过与上海美沃精密仪器股份有限公司签订技术转让合同，实现了 650 万元人民币的转让价值，推动了眼科学教育技术的商业化与广泛应用。

5. 教学效果

其一，科研成就。研究成果接受同行评议，在《*Nature Communications*》《*JAMA Network Open*》等国际期刊发表教研 SCI 论文 12 篇，相关智能产品及教学专利授权 13 项，核心成果转化 650 万元。主持广东省教改项目 10 项。AI 人机交互阅片教学 254 次，累计全国 52 所院校 34957 人次参与，推动眼科教育数字化转型。

其二，社会经济价值。有效提升眼科学教学质量与人才培养效率，为眼病防治工作培养更多专业人才，有助于提高眼病诊断准确率与治疗教学效果；技术成果的转化应用，推动眼科学教育产业发展，促进教育资源优化配置与共享，为教育信息化与数字化转型提供有力支撑。

其三，示范引领作用。本案例为医学教育领域尤其是眼科学教学提供了创新的教学模式与技术应用范例；通过跨区域、跨院校的推广应用，促进优质教育资源共享与均衡发展，助力教育公平，提升我国医学教育整体水平。

其四，获奖情况。2022—2024 年参加中国医药教育协会举办的全国大学生智能技术应用大赛，连续 3 年获优秀组织单位荣誉，获优秀指导老师 5 人次，20 支学生队伍作品获奖。

其五，第三方评价。案例创新实践获南方日报、人民日报报道。获《*JAMA Network Open*》编辑高度评价。

案例 14：液体智能检测实验教学项目

谢向生

1. 痛点

其一，教学方面。传统光学实验设备复杂，操作流程烦琐，学生需花费大量时间熟悉设备，严重影响教学效率；实验数据处理依赖人工测量与计算，效率低且误差累积风险高；教学内容多聚焦基础原理验证，与人工智能、机器视觉等前沿技术融合不足，较为单一，难以激发学生创新思维与实践能力。

其二，技术方面。传统光学实验对液体样本的透明度和表面平整度要求苛刻，无法适应复杂环境样本检测需求；缺乏基于散射背景的光学成像系统，难以实现光斑尺寸的自动解析和液体浓度的实时计算；实验装置便携性差，无法灵活部署于不同教学场景。

2. 目标

其一，教学目标：降低光学实验操作难度，提升教学效率；将人工智能与机器视觉技术融入教学，丰富教学内容，培养学生创新思维和实践能力；通过项目式学习等方式，提高学生对光学成像原理和机器视觉技术的掌握程度。

其二，技术目标：开发基于散射背景的光学成像系统，实现非接触式液体浓度测量；提高测量精度和稳定性，适应多种液体样本检测；设计便携式实验装置，方便教学场景灵活部署。

3.AI 赋能

其一，系统设计。硬件上，采用激光发生器、平凹透镜、辅助寻焦器件、孔径光阑和 CCD 相机组成实验装置，各组件协同工作采集光斑图像。软件方面，利用 Python 和 MATLAB 开发图像处理与数据分析模块，对光斑图像进行处理、分析并转换为液体浓度，同时开发用户界面实时显示数据和结果。

其二，实验流程优化。在实验流程中，从样本准备到浓度计算各环节紧密相连。通过调整透镜焦距和光阑位置、引入散斑自相关技术优化光斑成像质量；结合自适应阈值法和多图像平均处理优化数据处理；设计紧凑便携式装置和模块化软件界面进行系统集成优化。

其三，教学实践应用。在光学实验课程中引入该系统，提供标准化流程和指南；开展项目式学习，让学生自主设计实验方案；推动光学、人工智能和数据分析跨学科融合。

4. 创新之处

其一，教学模式创新。将传统光学实验与人工智能技术结合，引入项目式学习，拓展教学深度和广度，提升学生学习兴趣和参与度，培养学生创新思维和解决复杂问题的能力。

其二，技术应用创新。利用散射背景下的光学成像技术，结合机器视觉和自适应阈值法，实现非接触式液体浓度测量，突破传统光学实验对液体透明度的限制，为工业、环保等领域提供新的检测方案。

其三，技术突破。通过薄散射介质和散斑自相关技术实现对浑浊液体的高精度测量；提出基于几何投影的离焦光斑分析方法解决焦点判断难题；开发的图像处理算法提高数据处理效率和准确性，建立液体物理量与光斑尺寸的定量关系。

其四，应用实践突破。优化实验教学流程，降低学生学习门槛，实现数据自动化处理；推动跨学科融合，培养学生跨学科思维和综合应用能力；技术成果应用于工业、环保等领域，拓展应用场景。

5. 教学效果

其一，应用成果。在教育领域，助力高校实验教学智能化转型，为多门课程提供创新教学案例；在工业方面，适用于酒厂、制药厂等场景，提升生产效率和质量控制水平；在环保领域，可用于生态资源保护和可持续灌溉。

其二，示范引领。为高等教育领域人工智能赋能教学提供典型案例，引领教学模式创新。

其三，风险应对。系统对液体样本折射率变化范围有限制，团队通过优化算法和改进硬件设计扩大适用范围。

案例15：潮汕英歌舞的数字化传承教学项目

纪培娜

1. 痛点

其一，高校“非遗”教学困境。在高校中，非物质文化遗产（下称“非遗）相关教学资源稀缺，教学手段较为单一，难以满足学生对“非遗”文化全面深入学习的需求。就潮汕英歌舞而言，其在高校的教学面临着诸多难题，无法有效激发学生的学习兴趣和参与度。

其二，英歌舞传承难题。潮汕英歌舞在传承过程中，训练标准化程度较低，教学主要依赖口传身授，这种方式效率低下且难以保证动作的精准度。在传播方面，形式较为局限，传统的演出和讲座形式对年轻群体吸引力不足，不利于英歌舞在现代社会的广泛传播与发展。

2. 目标

其一，思想目标。以人工智能为驱动，深度挖掘英歌舞文化内涵，通过生动多元的形式将英歌舞融入校园，增强学生的文化自信和对本土优秀传统文化的认同感。

其二，知识目标。使学生系统掌握英歌舞的历史渊源、文化背景、艺术特色及表演形式等基础理论知识，理解其作为国家级非物质文化遗产的重要价值；引导学生学习英歌舞的基本舞步、队形编排、道具使用等技艺知识，通过实践操作掌握英歌舞的动作要领和表演技巧。

其三，技能目标。打造集教学、训练、传播于一体的英歌舞智能训练平台，提升英歌舞传承效率，创新其传播形式，解决传承过程中的标准化和传播问题，为“非遗”数字化传承提供示范，推动英歌舞的活态传承与创新传播。

3.AI 赋能

其一，活动矩阵设计，在数学与计算机学院、山海书院开设英歌舞文化体验课，未来计划开设跨学科融合课程和服务性劳动课程；打造“‘非遗’数字化空间”，设置 AR 互动区、数字孪生馆、智能创作坊等主题展区。组织英歌舞队参与校园运动会、挑战杯开幕式等校园活动，前往麻风康复村、揭阳马拉松、国际眼科论坛等进行公益表演和展演。引导学生将英歌舞元素融入“挑战杯”“中国国际大学生创新大赛”等学科竞赛项目，孵化科创项目。

其二，技术路线实施，邀请英歌舞传承人采集动作数据，运用光学动作捕捉技术构建三维动作库，涵盖多流派动作。基于此数据集，开发了英歌舞教练学堂系统，通过动作识别和比对分析模块，实时捕捉学员动作，与标准动作匹配计算，提供反馈并调整训练计划，该系统可以让学员通过体感设备跟随标准动作模型练习节奏，系统以颗粒特效、队列变换特效反馈，提供沉浸式的学习体验。与企业合作优化技术应用，根据用户反馈持续改进系统，如优化动作捕捉精度、丰富特效展示等。

4. 创新之处

其一，理论创新。将“非遗”体育文化纳入大学生“审美素养 + 文化认同”双维培育框架，构建“文化基因解码—美育浸润—实践价值重构—数字赋能传播”四维一体育人体系，为中华优秀传统文化融入高校美育思政教育提供新范式。

其二，实践创新。设计一套将潮汕英歌舞融入高校教育的实践方案，涵盖课程设置、校园文化活动、社会实践、创新创业等多种形式，形成可复制、可推广的教育模式。

其三，技术突破，使用光学动作捕捉技术构建英歌舞数字化数据集，助力“非遗”文化数字化研究、传承与再创作。依托“云启英歌”英歌舞“非遗”数字化项目，开发了英歌舞教练学堂系统，融合了计算机图形学，多模态人机交互等技术，以最新的智能数字化技术为载体，促进了英歌舞文化的传播与传承。

其四，视角创新。聚焦青年群体，创新教学模式，融合数字孪生、体感交互等技术，提供沉浸式互动学习体验；构建多流派动作库，实现标准化教学。

5. 教学效果

其一，应用成果。与多家企业合作搭建涵盖多领域的平台，未来有拓展空间；在学科竞赛中取得成绩，多个项目获奖；受到南方日报、中国青年报等媒体报道，获得社会关注。

其二，社会经济价值。带动数字化技术研发、文化创意等多领域就业，促进地方经济发展；推动英歌舞文化产业发展，助力传统文化数字化转型。

其三，示范引领作用。为高校“非遗”数字化教学提供范例，推动教育教学模式创新；为其他“非遗”项目数字化传承提供借鉴，促进文化产业发展。

案例 16：“AI 科创平台 + 科技俱乐部”驱动双创竞赛项目

王奉涛

1. 痛点

其一，跨学科融合能力不足。传统机械教育局限于单一学科，与AI、数据科学等前沿技术融合不足，致使学生面对智能机械、仿生机器人等综合性赛题时力不从心，难以整合多学科知识应对。

其二，实践资源与指导分散。高校实验室设备和师资有限，难以支撑高复杂度项目开发。像机器人竞赛涉及多环节协同，学生因缺乏系统训练，作品迭代缓慢。

其三，创新成果转化率低。学生创意常停留在理论或原型，缺少产业化思维与孵化支持。如“智能物流搬运机器人”获奖后，后续优化与市场应用脱节。

2. 目标导向

AI 科创平台 + 科技俱乐部的实践组合，提高学生双创竞赛的竞争力，提升团队协作与项目落地能力，同时也为区域新质生产力发展输送复合型人才。

其一，搭建 AI 科创平台 5 个以上。搭建足球机器人竞赛平台、智能机器人创新实践平台、协作机械臂及灵巧手平台、机器视觉多功能场景实践平台、无人机智能投放平台等 AI 科创平台。

其二，成立专业化科技俱乐部 4 个以上。成立以学生为主体的无碳小车俱乐部、足球机器人俱乐部、智能制造俱乐部、水下机器人俱乐部。

其三，“双创”竞赛国家级奖励每年 5 项以上。联合企业需求定向开发赛题，如“智慧零售”“全地形机器人”等项目，促进学术创新与产业应用对接。

3.AI 赋能措施

其一，建设 AI 科创平台。通过多渠道筹措资金，搭建了足球机器人竞赛平台、智能机器人创新实践平台、协作机械臂及灵巧手平台、机器视觉多功能场景实践平台、无人机智能投放平台等，为学生提供跨学科技术支撑。

其二，成立科技俱乐部。机械系成立了无碳小车俱乐部、智能机器人俱乐部、足球机器人俱乐部、水下机器人俱乐部等，并建立常态化的项目孵化机制。（图 2-36、图 2-37）

图 2-36 学生在机器人竞技创新工坊的足球机器人实训基地实践

协作机械臂及灵巧手平台

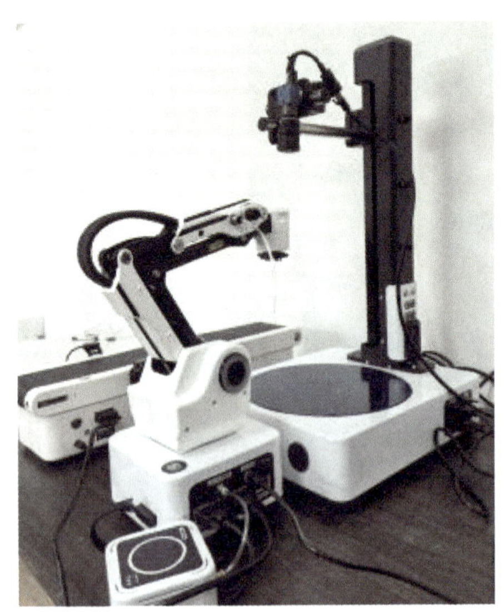

机器视觉多功能场景实践平台

智能机器人创新实践平台

图 2-37

4. 创新之处

其一，创新内容方面：

（1）打造“课程—科技俱乐部—赛事”三螺旋贯通的师生共进育人生态。“CDIO”理念与科技俱乐部活动深度融合，形成了螺旋式能力培养路径，突破传统教育的时空局限。以 CDIO 项目为核心，学生的学习过程分为理论学习、技术实践、竞赛验证和成果转化四个环节。

（2）构建“四维转化”体系打通教师“授课—科研—指导”能力通道。针对教师“会上课、能科研、弱指导”的痛点，创新设计“价值激活—能力重塑—实战赋能—生态反哺”四维转化体系。在价值激活层通过党建引领激发教师指导活力，将师德师风与双创融合，能力重塑。

其二，技术突破方面：

在协作机械臂及灵巧手平台开发中，实现了机械臂运动控制算法的优化，提高了机械臂操作的精准度和灵活性，使其能够完成更复杂精细的任务。在机器视觉多功能场景实践平台上，突破了图像识别与处理的速度和精度瓶颈，能够快速准确地识别多种目标物体，并为机械操作提供实时反馈。

在同类高校机械教育技术应用中，该案例中的技术突破处于领先水平。优化后的机械臂运动控制算法和机器视觉技术，在精度、速度和稳定性等关键指标上，优于多数高校的同类平台其三，应用实践突破方面：

通过“AI 科创平台 + 科技俱乐部”双轮驱动模式，不仅在学生的创新能力和实践能力上获得了全面提升，还在学科融合、跨学科合作、社会责任感等方面发挥了重要作用。

其四，知识产权方面：

在已取得的“双创”竞赛成果中，部分获奖项目已申请专利，专利类型涵盖发明专利、实用新型专利等。这些知识产权的分布，涵盖了机械设计、AI 算法应用、机器人控制等多个领域。

5. 教学效果

其一，应用前景及取得的应用成果。

（1）近三年，机械工程系学生在各类创新创业赛事中累计获得 70 余项国家级奖项、120 余项省级奖项，2024 年有 3 个项目在全国赛事中夺冠。

（2）深度上，通过 AI 科创平台让学生在问题识别、方案设计、实施与验证等环节深度锻炼，将理论与实践紧密结合，有效提升学生创新与实践能力；广度上，涵盖多学科融合，跨专业学生共同参与项目，实现知识互补与协同攻关，同时融入党建元素，将党建与创新创业教育深度融合，增强学生社会责任感。

（3）已获得学校、行业和社会广泛认可。超 80% 毕业生进入知名企业或深造，部分创新项目获投资并成功孵化，为高校人工智能教育提

供可借鉴范 例，有望广泛推广。

其二，具有社会经济价值。

在社会层面，大量学生获奖提升了学校声誉，吸引更多优质生源，为教育行 业注入活力，推动高校教育创新模式的传播，促使更多院校探索培养创新人才路 径。从经济角度看，部分学生创新项目获投资并成功孵化产品，如陈琳文同学的 项目短短两个月产值达 300 万元。

其三，在整个高等教育领域的示范引领作用。

其他高校提供了创新人才 培养的成功范式，展示了将人工智能技术深度融入教学与实践的可行性。通过构建“ 四级赋能 ”体系开展系统教学，从基础技术培训到高阶竞赛实践，为学生打造了完整的成长路径，启发高校优化课程设置与实践环节。

其四，获得多种奖项。

（1）中国高校教师机器人教学创新大赛二等奖。

（2）“唯实杯”第十届全国大学生机械创新设计大赛一等奖。

（3）“2022RoboCom 机器人开发者大赛 CAIR 工程竞技全国总决赛”足球竞技竞赛项目一等奖。

（4）“2023 睿抗机器人开发者大赛（RAICOM）全国总决赛”足球竞技竞赛项目一等奖。

（5）“2023 睿抗机器人开发者大赛（RAICOM）全国总决赛”智能生活创意设计竞赛项目一等奖。

（6）“第二十五届中国机器人及人工智能大赛全国总决赛”机器人竞技赛（Simuro 足球）一等奖。

（7）“第二十五届中国机器人及人工智能大赛全国总决赛”机器人竞技赛（iLoboke 足球）一等奖。

（8）“2023 年中国大学生工程实践与创新能力大赛”智能物流搬运赛金奖。

（9）“2024 睿抗机器人开发者大赛（RAICOM）全国总决赛”足球竞技竞赛一等奖。

（10）“第二十六届中国机器人及人工智能大赛全国总决赛”机器人竞技赛（Simuro 足球）一等奖。

（11）“第二十六届中国机器人及人工智能大赛全国总决赛”机器人应用赛（智慧零售）一等奖。

（12）“第二十六届中国机器人及人工智能大赛全国总决赛”机器人竞技赛（Simuro 足球）一等奖（另一个团队）。

（13）“第二十六届中国机器人及人工智能大赛全国总决赛”机器人竞技赛（iLoboke 足球）一等奖。

（14）“2024 年 ICAN 大学生创新创业大赛 AI 视觉检测设计挑战赛全国总决赛”一等奖。

案例 17：数据驱动学情研判与人工蜂群算法优化小组协作实践

刘祥玲

1. 痛点

学习风格测量作为教育学与心理学交叉工具，旨在解决以下几个关键痛点：

其一，教学适配性困境。传统“一刀切”教学忽视个体差异和群体偏好，导致学习效率与资源分配失衡。统一化的教学内容难以匹配学生偏好，易造成部分学生吸收困难，延长学习时间却收效甚微，形成“高投入低产出”的恶性循环，同时浪费教师为个性化设计的教学资源。

其二，分组协作效能瓶颈。传统分组模式（如按成绩、性别或随机分配）忽视学习风格的互补性，导致小组内互动低效、优势难以整合。缺乏科学分组规划可能放大个体劣势，阻碍知识共享与能力提升，降低整体协作学习的效能。

其三，学习动力与认知偏差。教学方式与学习偏好的错位易削弱学生参与度，持续挫折感可能引发动机衰减甚至放弃行为。此外，学生因缺乏对自身学习风格的科学认知，难以选择适配策略与资源，进一步加剧学习动力不足与策略无效的困境。

2. 目标

通过精准识别学习风格，优化教学设计、激发学习内驱力，并构建高效协作机制，从而系统性提升教育质量。具体来说：

其一，帮助教师更好地了解具体班级的学生个体和群体学习偏好和特点，优化教学内容和方式方法。

其二，为教师提供科学分组依据，通过组建风格互补或相似的学习小组（视教学目标而定），促进有效的同伴学习，培养学生多元思维能力，最大化小组协作的教育价值。

其三，帮助学生发现自身学习特点，增强自我认知，为制定个性化学习计划提供依据，提高学习效果和体验。

3.AI 赋能

本案例以汕头大学思政课程为依托，开展课程学生学习风格测试，并依据学习风格测试结果进行分组，调整教学内容、教学方式方法。具体举措如下：

其一，运用 Felder-Silverman 学习风格模型的 ILS 量表（Index of Learning Styles Questionnaire）开展测试。该量表将学习风格分为沉思 / 活跃型，直觉 / 感悟型，言语 / 视觉型和综合 / 序列型。这些特征共可构成 16 种不同的学习风格组合，且每种学习风格组合内的特征强度不同。

其二，学习风格测试结果以报告形式，一对一反馈给课程学生。报告包含个性化的学习风格总览，学习风格的具体维度及其代表的含义，推荐的学习策略，供学生改进学习方式方法参考（图 2-38、图 2-39）。

XX 学习风格报告

学号：XXXXXXX

本报告基于 Index of Learning Styles 问卷调查的结果生成，可为制定学习策略提供参考。基于 Felder-Silverman 学习风格模型，学习风格可划分为以下四个维度：积极/沉思，感官/直觉，视觉/言语，顺序/全局。每个学习者在每个维度上的倾向性都有所不同，因此需要制定个性化的学习策略。学习风格的各个维度及其特点如下表：

学习风格类型		特点
信息加工	积极型	通过积极讨论、积极动手和解释给别人听来获取知识；乐于尝试；喜欢协同学习
	沉思型	安静思考；三思而后行；偏爱独自学习或与固定的搭档共同学习；擅长理论
信息感知	感官型	擅长记忆事实；不喜欢复杂和意外；对细节很有耐心；更加实际和谨慎；喜欢与现实世界有所联系的知识
	直觉型	擅长发现事物之间的联系；喜欢创新，不喜欢重复；擅长掌握新概念及抽象概念；对细节较为粗心
信息输入	视觉型	喜欢通过可视化的学习资源来获取知识，如视频、图表、概念图等
	言语型	喜欢书面或者口头阐释的学习资源，文本、音频等
内容理解	顺序型	喜欢按照逻辑顺序进行学习；依靠部分信息就可以开展工作
	全局型	喜欢从整体角度看待问题，会比较倾向于先掌握知识整体的框架，然后再进行深入学习；思维比较活跃和发散

1 总览

您的学习风格在四个维度下的倾向性为：

- 信息加工：（弱）积极
- 信息感知：（弱）感官
- 信息输入：（中）视觉
- 内容理解：（弱）顺序

（强弱程度仅仅代表倾向性，不代表学习能力强弱）

图 2-38　学生个性化的学习风格报告示例 1

2 学习风格维度

数字标识出了您的学习风格在每个维度下的倾向程度，在每个维度下总体的倾向取决于两个方向之差。

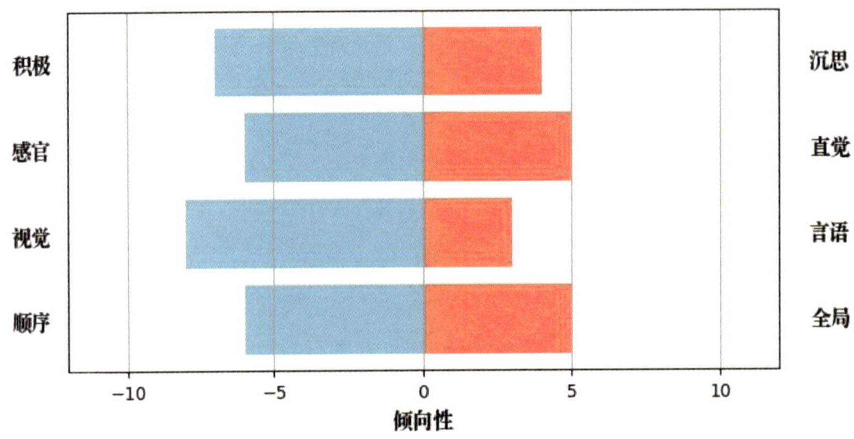

• 如果您在一个维度的倾向性差异在 1~3 之间，意味着在该维度下的两种特质之间有较好的平衡，因此能够适应不同的学习策略和教学风格。

• 如果倾向性差异为 5 或 7，您在该维度下某个特质具有中等的倾向性，因此能够更加轻松地在有利于该特质的教学环境中学习。

• 如果倾向性差异为 9 或 11，您对该维度下的某个特质具有很强的倾向性，在不支持这种倾向的环境中学习可能具有较大的困难，因此需要特别关注个性化的策略。

3 推荐学习策略

• （弱）积极学习者：如果您是积极型学习者，在课堂上很少或根本没有时间进行讨论或进行解决问题的活动，那么您应该在学习时尝试弥补这些不足。例如在小组中学习，成员轮流向彼此讲解不同的主题。与其他人一起猜测下一次考试会考到什么，并弄清楚您将如何作答。如果您找到解决的方法，您将总是更好地掌握接收的信息。

• （弱）感官学习者：如果感官型学习者能够看到信息与现实世界的联系，则他们最能理解并记住信息。如果您所在的班级中大部分教学材料都是抽象和理论性的，那么您可能会遇到学习困难。向您的老师询问概念和步骤的具体示例，并了解如何在实践中应用这些概念。如果老师没有提供足够的细节，请尝试在您的课程教科书或其他参考资料中找到一些细节，或者与朋友或同学一起集思广益。

图 2-39　学生个性化的学习风格报告示例 2

其三，教师根据学习风格测试结果优化教学过程。基于学习风格测试结果，教师可以精准掌握班级学生的学习风格分布情况（图 2-40），根据个人学习风格画像，掌握学生个性学习特点（图 2-41）。基于直观数据和图表，教师可有针对性地优化教学内容、方式方法。

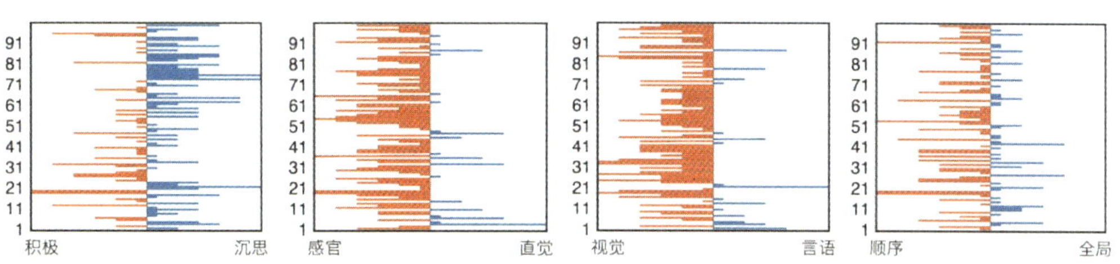

图 2-40　2025 年春季学期汕头大学某思政课班级的学生学习风格分布情况

图 2-41　学生学习风格个人画像

其四，教师依据学习风格测试结果开展小组分组。分组基于人工蜂群算法。该算法是一种高效的群体智能优化算法，被应用于许多数值优化领域，如调度、集合覆盖和指派问题等。小组分组以组内学生的学习风格特征尽量多元化的基础上，组间差异最小化，以保证各组之间学习风格的平衡性。既为不同学习风格的学生提供学习交流机会，又缩小组间的差异，保证分组的均衡性。（图 2-42）

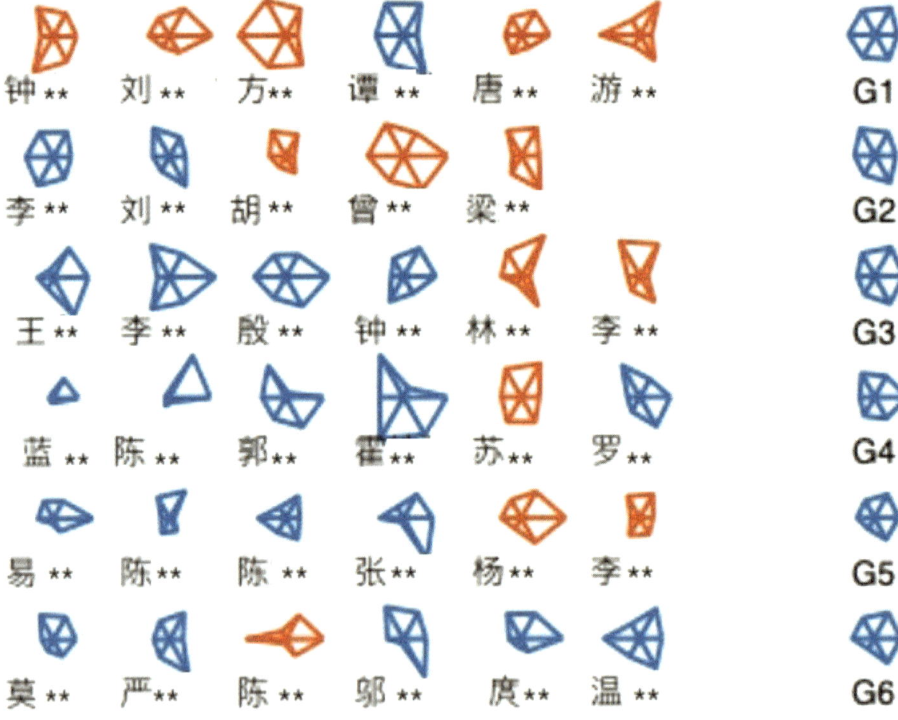

图 2-42　基于学习风格测试的小组分组示意图

4. 创新

其一，智能学情诊断赋能精准教学。依托人工智能算法，深度分析学生学习行为数据，精准识别视觉型、言语型等多样化学习风格特征，形成可视化学情分析报告。通过捕捉学生在知识接受、信息处理等方面的差异，为教师动态调整教学策略、优化课堂设计提供量化依据，推动教学模式从“经验驱动”向“数据驱动”转型。

其二，个性化学习指导提升效率。根据学生学习风格测评结果，生成个性化学习报告，智能推荐适配的学习资源与策略，帮助学生清晰认知自身学习偏好，针对性改进学习方法，实现学习效率提升。例如，针对视觉型学习者面对纯言语课程材料的困境，可通过主动搜寻图表、示意图、视频等可视化资源，自制概念图梳理知识逻辑，以及采用颜色标记法分类笔记等策略，将抽象文字转化为直观视觉信息。

其三，科学分组优化协作效能。基于学习风格、学习动机等多维数据建模，构建智能分组算法。通过平衡组内成员的认知差异与技能互补性，确保组间实力均衡，创造异质化交流场景。

5. 教学效果

其一，精准教学显著提升质量。教师依据班级群体学习风格分布，灵活调整教学内容呈现形式与授课节奏。例如，针对视觉型主导班级强化图文演示与思维导图应用，提高学生关注度和参与率。

其二，自我认知驱动学习升级。通过个性化学习报告，学生首次系统了解自身学习风格，并据此调整学习策略。典型反馈显示，学生开始主动选择适配资源（如听觉型学生增加音频课程学习），学习规划合理性与主动性显著增强，形成“认知—调整—提升”的良性循环。

其三，智能分组获高度认可。匿名调查显示，89% 的学生认为智能分组模式有效优化了小组协作体验，78% 的学生反馈在跨风格交流中拓宽了思维视角。后续将纳入学科特性、性格特征等更多变量，开展长期追踪研究，持续迭代分组模型，形成可复制的教学实践经验。

第三章
汕头大学智慧学术研究理念与实践

作为研究型大学，汕头大学在智能时代始终保持研究的重点地位，既把人工智能作为核心的研究领域，也把人工智能作为核心的研究工具，推动人工智能知识群的协同发展。

智慧教育一体化
智慧教学融合理念与实践
未来展望
AI
智慧学术研究理念与实践
智慧国际交流理念与实践
智慧管理服务理念与实践

第一节
汕头大学 AI 学术研究理念

一、开放创新理念

在 AI 学术领域，开放创新理念正逐渐成为推动学科进步、促进知识共享与融合的关键驱动力。其强调打破传统学术研究中的封闭壁垒，鼓励研究人员、机构、企业以及不同学科之间广泛地进行知识交流、资源共享与合作创新，构建“资源共享—协同创新—价值共创”的生态体系。AI 技术本身具有高度的综合性和交叉性，单一学科或机构的研究力量往往具有局限性，难以全面攻克 AI 领域的复杂问题。因此，不同高校、科研机构以及企业之间开展开放合作至关重要。高校需要积极引入开放的教学资源，丰富学生的学习内容和途径，同时鼓励学生参与开放的学术项目和实践活动。此外，通过在开放获取的学术期刊、预印本平台等发布研究论文，使全球范围内的学者都能更便捷地获取信息，从而基于已有成果开展进一步的研究和拓展，形成良好的学术研究生态循环。

二、学科融合理念

AI 学术研究需要打破传统学科间的森严壁垒，促使不同学科的知识体系、研究方法以及思维模式进行全方位的深度碰撞与有机融合，构建“知识交叉—技术协同—应用创新”的生态体系。积极开放 AI 研究数据集、算法模型和计算资源，为全球学术界和产业界提供支持。通过开放数据集和开源代码，促进学术界和产业界的协同创新，推动人工智能技术的快速迭代与进步。数学、统计学与计算机科学等学科的深度交叉为方法论融合、技术工具共享、人才能力重构以及伦理框架协同创造了条件。其核心在于通过知识交叉、技术协同与产学研合作，构建可持续的创新生态。随着政策法规的完善和技术工具的成熟，学科融合将成为推动 AI 技术普惠化、伦理化的关键引擎，助力解决人类社会面临的复杂挑战。

三、团队协作理念

AI 学术研究的复杂性与广泛性远超传统学科，仅凭个人之力，难以在这一前沿领域实现重大突破。团队协作理念强调汇聚不同专业背景、技能特长以及思维方式的人才，通过紧密配合、优势互补，共同攻克 AI 学术难题，探索技术创新路径。高校的学者们能够从宏观的学术视角出发，为 AI 学科融合提供高瞻远瞩、高屋建瓴的理论指导，为后续的技术研发与应用实践奠定坚实的理论基石。科研机构则凭借其在特定领域经过长期深耕积累的专业技术与先进完善的实验设施，专注于攻克 AI 技术在实际应用过程中遇到的各种关键难题。团队协作意味着构建一个多元化、互补性强的研究共同体，其具有多元化的人才结构，跨机构的资源整合。面对 AI 学术研究中的复杂问题，可以通过团队之间的沟通协调、分工合作，共同推进项目进展。

四、服务社会理念

AI 学术研究不应仅局限于实验室与理论层面，更要将研究成果积极转化，切实服务于社会发展的各个领域，解决实际问题，提升社会福祉，促进社会进步与可持续发展。通过大数据分析与跨学科协作，定位医疗、教育、环境等领域的核心问题，将学术研究方向着眼于社会的痛点与需求，探寻 AI 技术与之契合的解决方案。降低 AI 技术应用门槛，推动资源向弱势群体倾斜，促进技术普惠化落地，注重学术研究的社会价值转化。AI 学术研究服务社会的核心在于通过技术创新与多主体协同，将学术成果转化为解决社会问题的实际效能。随着政策法规的完善与技术工具的成熟，AI 将在医疗健康、生态保护、教育公平等领域实现突破性应用，成为推动人类社会可持续发展的核心引擎。

五、伦理和谐理念

在 AI 技术的研究、开发与应用全过程，必须将伦理考量置于核心位置，力求达成技术进步与人类价值观、社会伦理规范之间的和谐共生，避免因技术的不当发展而引发伦理困境，从而确保 AI 技术始终服务于人类福祉，推动社会的和谐、稳定与可持续发展，要以技术发展与人类价值观的动态平衡为核心，构建“价值锚定—风险防控—多元协同”的治理框架。研究者在开展 AI 研究时，不能仅仅聚焦于技术的先进性与创新性，更要时刻审视研究内容与过程是否符合伦理道德标准。在数据收集与使用环节，要高度重视数据隐私保护。在算法设计方面，研究者应通过优化算法结构、增加数据多样性以及引入公平性评价指标等方式促进消除算法偏见。

第二节
智能制造技术教育部重点实验室

汕头大学智能制造技术教育部重点实验室在 AI 产业化方面的做法紧密结合区域产业需求，通过技术攻关、产学研合作、人才培养等多维度推动 AI 技术与制造业深度融合，具体可总结为以下关键举措：

一、面向产业需求的 AI 技术研发与落地

（一）智能感知与检测技术

实验室专注于高速精密检测的智能感知技术及装备研发，深度融合 AI 技术，旨在打造高精度、高速度的检测设备。其中，高速精密在线视觉检测技术的开发，针对轻工装备（如纺织服装、玩具制造）质量检测环节，有效解决了传统人工检测效率低、精度不足的问题，显著提升了生产线的智能化水平。通过引入机器视觉与智能控制技术，结合增量动作设计、注意力分配机制和多轮学习框架，对强化学习（RL）算法进行优化，使其成为符合工业场景需求的安全敏感型决策引擎，克服了传统 RL 在工

程应用中因探索风险高、约束复杂导致的落地难题。凭借 AI 图像识别算法，在线视觉检测的速度与精度得到大幅提升，满足了工业生产对产品快速、精准检测的需求。该成果已在轻工装备、智能机器人等产业广泛应用，推动了相关产业产品质量把控环节的智能化升级，实现了 AI 技术从实验室到产业化应用的跨越。

（二）多源数据融合与智能运维

针对多源数据融合与复杂环境机电装备智能运维，实验室利用 AI 技术对多源数据进行深度分析，实现对机电装备运行状态的实时监测与故障预测。在盾构智能运维项目中，通过 AI 算法对盾构机运行数据进行处理，提前预判设备故障并及时安排维护，有效提高了盾构机运行的稳定性与可靠性。该成果在风电装备等产业领域推广应用后，降低了设备运维成本，提升了产业运行效率，彰显了 AI 技术在装备运维领域的产业化价值。在机电装备（如风电、盾构机等）领域，实验室通过多尺度数据融合、智能建模与协同控制算法，将人工智能技术深度嵌入海上风电场的尾流预测、优化设计与集群控制环节，解决了传统风电场因尾流效应导致的发电效率损失问题。同时，利用 AI 算法实现设备故障预测与健康管理（PHM），通过实时数据采集与分析优化运维流程，降低企业停机成本。通过多源传感数据融合、智能诊断算法开发及轻量化部署，将人工智能技术深度应用于风机叶片的健康监测与故障诊断，解决了传统人工巡检效率低、微小损伤难检测的行业痛点。此外，通过元迁移学习框架将工业仿真数据、实验数据与真实产线数据深度融合，构建适用于大型金属构件激光熔丝增材制造的智能监测系统，解决了传统方法在小样本、多缺陷场景下识别率低的难题。围绕激光熔丝增材制造（WAAM）的缺陷机理与智能识别，通过 AI 与工业机理的融合，推动高端金属构件制造的智能化升级。在“基于非优势遗传算法的无人机壳体工艺多目标优化设计”项目中，采用遗传算法优化注塑工艺，建立反向传播神经网络模型以及非显性遗传算法模型来映射设计参数与翘曲间复杂非线性关系，寻找最优工艺参数值，提升产品质量、降低成本，推动了 AI 技术在无人机壳体制造工艺优化中的应用，体现了向产业化实践迈进的趋势。

（三）适应多样化需求的智能设计理论及应用

在智能设计理论及应用方面，实验室运用 AI 算法构建智能设计模型。以机器人智能设计为例，通过分析大量设计案例及实际应用数据，为机器人设计提供更优化的方案，满足不同场景下对机器人功能、结构等多样化需求。这种智能设计方法已在区域内的工艺玩具等特色制造业数字化转型中发挥作用，帮助企业快速设计出符合市场需求的产品，加速产品迭代，实现了 AI 技术在设计端的产业化应用。针对柔性触摸屏的高精度、高效率缺陷检测需求，通过机器视觉、精密运动控制的深度融合，推动柔性显示制造的智能化升级。

在华能汕头电厂应用场景中，实验室研发的 AI 赋能的无人机激光清污系统进行了实际应用测试，通过在真实电厂环境中验证系统的有效性与稳定性，不断优化完善技术与装备，解决实际生产中的绝缘子清污问题，使AI技术真正落地到产业生产环节，加速AI技术在电力行业绝缘子清污领域的产业化进程。在研发过程中制订激光在线表面除污企业标准，将AI技术融入的无人机激光清污系统的各项技术指标、操作规范等进行标准化，不仅有助于统一行业内对该新型清污技术与装备的认识，也为AI技术在绝缘子清污领域的大规模产业化推广提供规范依据，保障AI产业化成果能够在行业内得到广泛、规范应用。

在电吹风智能控制技术研究方面，“智能电吹风自动调节功率技术的研发及应用”项目通过分析头发适宜温度与多种参数关系来实现智能控制，开发智能电吹风，通过实时检测出风口的温度，自适应调节到最佳的风速、风温，解决目前国内电吹风行业普遍存在的发质热损伤的共性问题，提升产品的智能程度，推动粤东地区电吹风行业的高质量发展，实现了AI技术在产品控制层面的应用，推动了AI在小家电控制领域的产业化探索。

“智能风电开关柜关键技术研发及应用”项目搭建基于人工神经网络的专家系统，经参数设定与训练，系统能自组织、自学习，输出开关柜状态评价结果，深度嵌入AI技术，推动其在设备监测领域的产业化实践。在汕头市科技局领导下，企业与高校协同实施项目。企业作为主体，高校提供技术依托，充分利用各方资源优势。高校研发的基于AI的技术成果通过企业实现产业化，在海上风电场实际应用中不断优化完善，加速 AI 技术从实验室到产业生产环节的落地，推动海上风电配电设备智能化升级。项目完成后，提升了汕头及粤东地区海上风电领域智能配电装置的信息化和智能化水平，解决了风电场配电设施智能化程度不高的问题。通过推广基于 AI 的智能风电开关柜装置及其核心技术，为行业树立了标杆，带动了整个通电配电领域智能化发展，促进了 AI 技术在相关行业的广泛应用与产业化推广。

“面向生物降解薄膜的智能化包装制袋生产线关键技术研究与应用”项目在智能制袋控制系统开发环节，通过建立多电机同步控制结构和开发多电机同步控制算法，实现对卷材制袋过程诸多环节的协调控制，同时研发制袋工艺参数监控与信息化管理系统，对生产过程中各类生产信息进行采集、分析和统计，并自动调整工艺参数。这一系列举措利用 AI 技术，将传统制袋生产过程智能化，减少了人工干预，提升了生产效率与产品质量，满足了市场需求，推动了产业升级，实现了 AI 技术在生物降解薄膜制袋生产线领域的产业化应用。

“面向异形器件的智能化精密供料系统研发及产业化”项目将 AI 技术深度应用于供料系统的前端检测环节，融入机械臂控制，提高抓取的精准度与灵活性，推动 AI 在供料系统抓取操作中的产业化应用。项目采用产学研结合的组织实施方式，将高校或科研机构可能涉及的 AI 前沿研究成果，通过企业转化为实际可应用的智能化精密供料系统，加速 AI 技术从理论到产业实践的落地进程。项目完成后，将提升企业生产效率和产品良率，解决产业人工操作效率低、传统机械适应性差的问题。通过推广智能化精密供料系统，将带动本地相关产品制造业发展，推动 AI 技术在电子信息产业生产环节的广泛应用，促进产业升级与 AI 技术的产业化推广。

二、产学研深度融合，加速 AI 产业化进程

（一）解决产业关键技术难题

针对区域纺织服装、工艺玩具等特色制造业数字化转型过程中面临的智能排产、伺服控制、数据安全等关键技术难题，实验室利用自身在 AI 领域的研究优势，与行业骨干企业紧密合作。通过开发基于 AI 的智能排产系统，优化企业生产流程，提高生产效率；运用 AI 算法改进伺服控制技术，提升设备运行精度。这些合作成果解决了企业实际生产中的痛点，推动了 AI 技术在传统制造业中的应用，加速了 AI 技术的产业化落地。

（二）实施工业互联网应用标杆示范项目

实验室与企业联合开展省部级工业互联网应用标杆示范项目，将 AI 技术与工业互联网深度融合。在智能工厂建设项目中，利用 AI 实现生产过程的智能化管理与控制，通过对生产数据的实时采集与分析，优化生产资源配置，提高生产效率与产品质量。这些示范项目为行业树立了标杆，带动了更多企业在生产过程中应用 AI 技术，促进了 AI 技术在工业领域

的广泛应用与产业化发展。

三、依托人才与学科建设，为 AI 产业化提供支撑

（一）打造高水平研究团队

实验室汇聚了以加拿大皇家科学院院士、高被引科学家、国家级青年人才为骨干的研究团队，团队成员在 AI 及智能制造相关领域具备深厚的学术造诣与丰富的实践经验。他们持续开展前沿研究，为 AI 技术在产业化应用中的关键技术攻关提供强大的智力支持，确保实验室在 AI 产业化研究方面始终保持领先地位。

（二）开展新工科研究与实践

作为第一批地方高校新工科项目实施的组织单位以及全国首批智能制造工程专业四所招生高校之一，实验室积极推进新工科研究与实践项目。通过创新课程体系与教学方法，培养了大批既懂 AI 技术又熟悉制造业需求的复合型人才。这些人才毕业后投身行业企业，为企业的 AI 技术研发与产业化应用注入了新的活力，有力推动了 AI 技术在产业界的应用与发展。

（三）校企联合培养模式

实验室与制造业企业共建实践基地，通过项目制学习（如智能运维系统开发、产线智能化改造）让学生直接参与 AI 产业化项目，缩短技术

应用落差。将实验室的 AI 研究成果与企业生产实践紧密结合。这种培养模式不仅为研究生提供了实践机会，也帮助企业解决了技术难题，促进了实验室 AI 研究成果的快速转化与应用，为 AI 产业化提供了坚实的人才保障与技术支持。

第三节
汕头大学眼科疾病 AI 检测平台

汕头大学眼科疾病 AI 检测平台为首个中国纯本土团队独立自主研发的平台，能够对 39 种眼底疾病及病变特征进行智能高效检测（图 3-1），相关研究成果在《*Nature*》子刊发表。

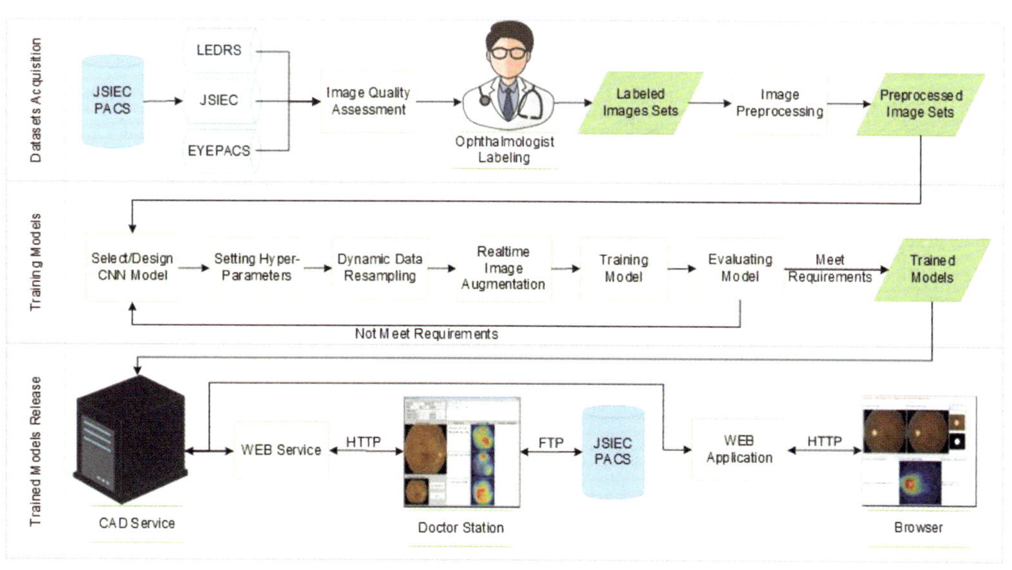

图 3-1　人工智能检测平台的数据处理过程

项目团队一共收集整理近 25 万的眼底照相图片数据，所有眼科医师在完成规范化眼底病标注培训之后，分组对收集的眼底图片进行准确标注（超过 27 万个标签）。然后用于 AI 算法训练，开发出可以识别 39 种眼底疾病及病变特征的多病种人工智能检测平台——DLP，总体检测敏感性和特异性均大于 0.97，AUC 超过 0.99，人机比赛显示达到视网膜专家的平均水平。

项目成果有以下亮点：

一、采取常见疾病与病变特征相结合的方法进行眼底照片的标注，解决误诊漏诊的难题，以达到全病种检测的目的

（1）常见眼底疾病标注为疾病，例如 DR、RVO、RAO、青光眼、视神经萎缩、ERM、RD、MH、CSCR、VKH、PM、RP、高血压视网膜病变、周围性视网膜变性和有髓神经纤维等。

（2）为了检测非常见疾病甚至罕见病，我们根据病变特征进行标注：硬性渗出、棉絮斑、视盘水肿、血管迂曲、脉络膜视网膜萎缩 / 缺损、纤维化、视网膜前出血、玻璃体变性及眼底肿物等。

（3）为了识别眼科术后患者，我们还包括了治疗后的情况，如激光斑和硅油眼。

（4）对模糊眼底图像的有效识别，增强了该平台真实世界应用的转化能力。

二、数据来源的多样性保证了算法检测的泛化能力

（1）汕头国际眼科中心（JSIEC）数据集图像质量一致且清晰，保证了 AI 算法对不同疾病特征的学习。

（2）LEDRS 数据集从遍布全国 13 家医院的不同类型的眼底相机进行数据采集，保证了平台对异源图像识别的泛化能力。

（3） EYEPACS 数据集源自欧美不同地区的高加索人群和其他族裔患者，进一步增强了数据来源的多样性。

三、算法应用创新

（1）预处理方法将图像处理方法和业务知识结合；

（2）同时使用动态重采样和加权损失函数解决类极端不平衡问题；

（3）用一个二级分类体系结构解决 39 种疾病或者特征的分类，在分类体系中针对不同的问题使用不同大小的深度神经网络，也应用了自定义模型进行训练；

（4）算法基于封闭世界假设和全阴取最大概率的类提高了结果的敏感度。

四、多层次验证及多中心真实世界远程检测应用

除了应用 JSIEC、LEDRS 及 EYEPACS 数据集进行验证和测试，该项目还设计了一系列应用测试，包括采用多个省份包括西藏及新疆的不

同种族数据进行测试，与数个国际公开数据库的应用进行比较测试，与超过 10 年诊疗经验的眼底病专家进行比较，最后还与分布于全国的 7 家医疗机构进行真实世界远程眼底病筛查应用测试，结果提示，DLP 眼底病筛查平台在临床真实世界测试中表现出稳健的疾病识别能力（图 3-2）。

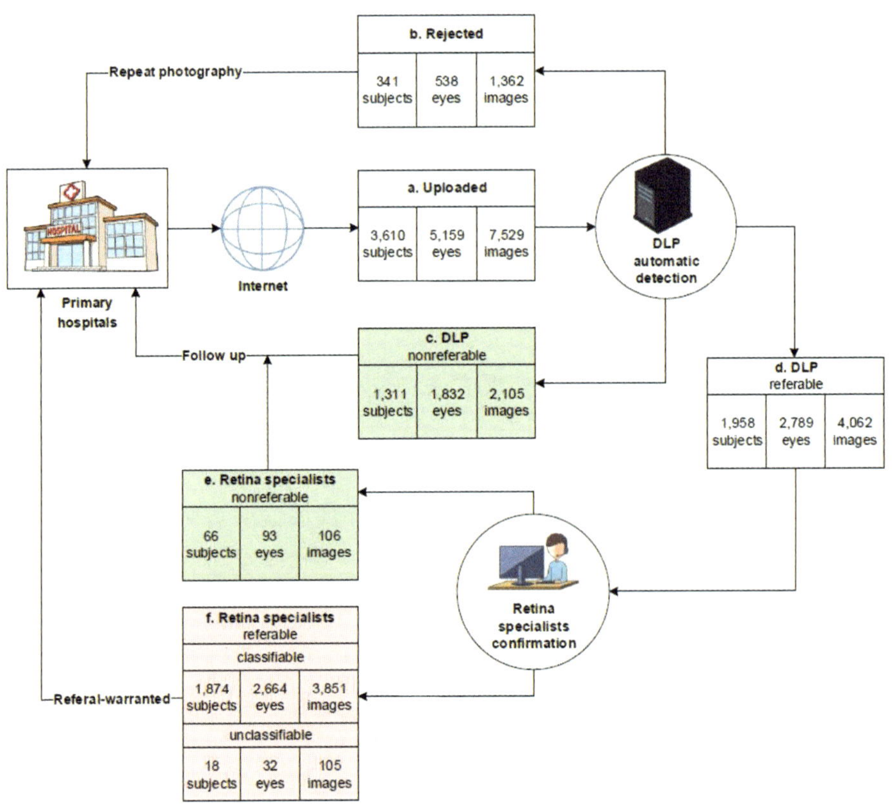

图 3-2　DLP 平台的疾病识别过程

该项目眼底病检测平台 DLP 已经部署互联网，为我院众多的眼科医联体单位及合作医疗机构提供眼底疾病检测应用服务，DLP 不仅能提供各种疾病的预测概率，而且能实时显示相应的热力图，提示了算法模型做出判断的依据。在应用过程中，使用者可以上传眼底图像，以获得诊断建议；此外，使用者还可以向平台提供反馈，反馈意见将由我院视网膜专家定期记录、分析以进行再训练，以持续性提高 DLP 的检测能力。

此外，该平台还被用于线上基层医师及住院医师规范化眼底阅片培训（图 3-3），提升临床医师的辨图识病的能力。

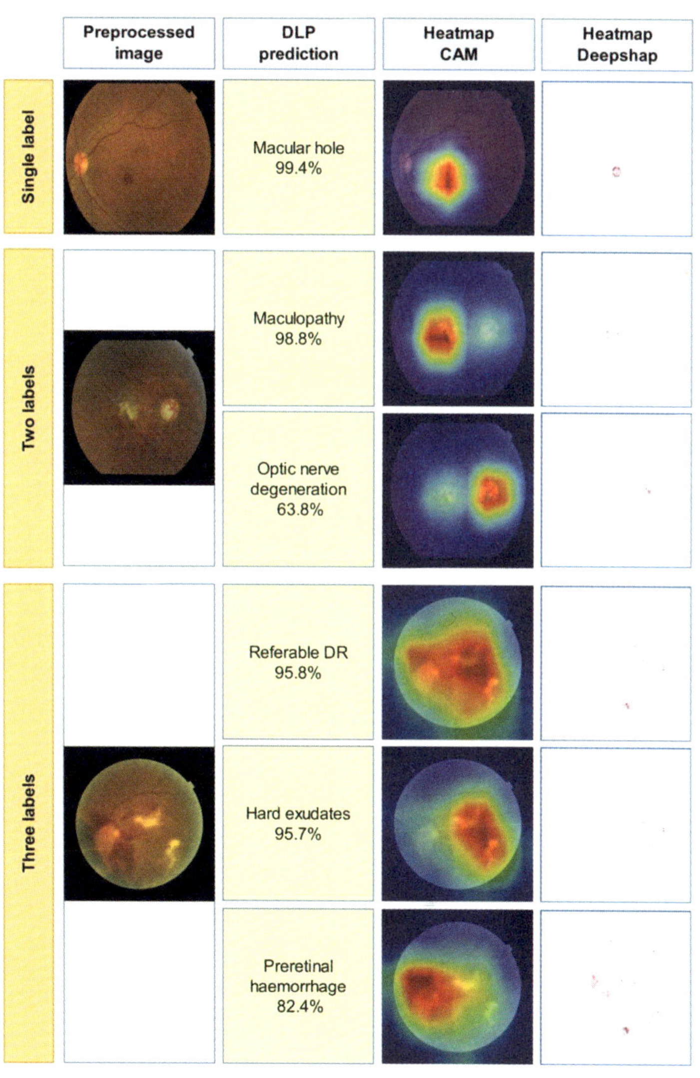

图 3-3　眼底阅片培训

DLP 平台远程应用医疗机构包括：

广东省揭阳市揭西县灰寨镇中心卫生院

广东省潮州市饶平县三饶镇中心卫生院

广东省中山火炬开发区医院

内蒙古自治区巴林左旗蒙医中医医院

西藏自治区林芝市人民医院

新疆独山子人民医院

青海省海南藏族自治州人民医院

贵州省织金县人民医院

陕西省铜川市人民医院

西藏自治区山南市人民医院

第四节
汕头大学 AI 赋能学术研究

AI 具有强大的数据搜集和处理能力，是学术研究的重要帮手，在跨学科研究中具有愈加重要的价值，成为学术创新的核心辅助工具。汕头大学高度重视人工智能的跨学科研究，通过 AI+ 的学术研究模式，提升学术研究的效率和质量。为展示这一成果，本书列举其中的 3 个代表性案例。

案例 1：微纳米薄膜物性参数的智能获取

连松友

1. 痛点

其一，成本高昂。传统薄膜检测方法依赖高分辨率设备，购置及维护费用高达上千万元，单次检测成本超千元，对科研团队和企业造成较大经济负担。

其二，效率低下。检测周期漫长，从数周到半年不等，且需依赖不同仪器获取数据，无法满足高频次检测需求。

其三，技术门槛高。深度剖析数据存在失真问题，且缺乏自动化解决方案，过度依赖稀缺专家资源。

其四，高校教学问题。在高等教育中，学生缺少接触实际工业问题的机会，理论与实践严重脱节，不利于培养解决复杂工程问题的能力。

2. 目标

其一，开发基于人工智能的低成本、高精度薄膜检测方法，打破传统检测方法的局限。

其二，通过实际科研项目驱动教学，提升学生算法设计、软件开发和跨学科协作能力。

其三，推动薄膜检测技术的国产化进程，减少对国外技术和设备的依赖。

3.AI 赋能措施

其一，算法创新。提出反卷积算法结合 TV 正则化、牛顿下山法等技术，解决数据重构的病态问题，将精度提升至亚纳米级，较传统方法提高 60%。

其二，软件开发。设计用户友好界面，集成“深度－浓度谱图”自动生成功能，支持一键导出数据，操作耗时不到 1 分钟。

其三，实验验证。利用校内设备完成多组薄膜样品的算法验证，确保误差率小于 3%。

其四，产学研合作。与昆山书豪厂商合作，将软件预装至光谱仪、质谱仪等设备，降低用户使用门槛。

其五，教学融合。开设“薄膜材料检测与算法设计”实践课程，让学生团队参与软件迭代开发，促进理论与实践结合。

4. 创新

其一，创新教学模式。以真实科研项目为依托，构建“算法设计—软件开发—工业应用”全链条实践教学体系，大幅提高学生参与度。

其二，实现技术应用创新。成功解决薄膜深度剖析检测领域的病态问题，填补国际空白，软件能兼容主流检测仪器，满足国产设备需求。

其三，推动技术突破。优化算法，通过 TV 正则化解决反卷积不适定性，运算速度提升 10 倍，相关成果获 SCI 论文收录，为高校提供低成本科研工具，助力实验教学数字化转型。

其四，取得应用实践成果。培养了 30 余名跨学科学生，部分学生获得国家级大创、广东省攀登计划立项；获得了多项知识产权，包括 2 项发明专利、1 项软件著作权；发表了多篇 SCI 论文。

5. 效果

其一，应用成果显著。在教育领域，可推广至多个专业助力实验教学改革；在经济领域，降低薄膜检测成本超 90%，预计年产值突破 5000 万元，创造 200 多个就业岗位。

其二，获得多项荣誉。在多个创新创业大赛中获奖，包括第十四届“挑战杯”中国大学生创业计划竞赛全国铜奖等，提升了案例的影响力和认可度。

其三，风险应对措施。针对技术风险，计划引入深度学习增强算法泛化能力；针对伦理风险，严格遵循《网络安全法》，采用本地化部署方案保护数据隐私。

案例 2：智能植毛仪项目

林常敏

1. 痛点

脱发治疗现状：脱发人数日益增加且呈年轻化趋势，全球脱发人数超 20 亿，中国脱发人口超 2.5 亿。现阶段脱发治疗方式中，药物治疗疗效不稳定、有副作用且需终身服药；手术治疗里，毛发移植虽为主要手段，但传统 FUE 技术存在诸多缺点，如毛囊离体时间长、移植成活率低、供区毛囊永久性移除、手术时间长、人力成本高。

植发器械现状：国外植发器械研发领先，但现有产品存在缺陷，如 ARTAS 植发机器人虽有一定优势，但不能完全实现自动化，造价高昂，且供区毛发仍会被永久性移除。国内植发器械研发滞后，相关产品功能少、自动化程度低，无法满足手术需求。

2. 目标

研发一款基于 UR 机械臂和自主研发植发笔的智能植毛仪，实现“取”“种”毛囊一体化，协助医生高效植发，降低手术成本，提高毛囊移植成活率，解决供区毛囊永久性移除问题，填补市场空白。

3.AI 赋能措施

其一，技术研发。自主研发毛囊移植笔，结合 UR 机械臂和人工智能技术，实现从供区取毛囊、在受区种毛囊的操作。采用世界首创的毛囊夹断技术，“一分为二”将毛囊上段移植至种植区，下段保留在供区，保留毛发再生功能；“合二为一”的取种一体植发机械臂设计提高植发效率。运用双目立体视觉原理、人机协同的柔顺控制技术、机器臂深度学习、结构光视觉检测、矢量控制等技术，实现对毛囊的安全精确采集和智能控制。

其二，实验验证。进行大鼠毛囊切割再生实验、家猪毛囊切割再生实验、智能植发笔的活体毛囊提取实验以及智能植毛仪的定位检测实验，验证产品的临床可行性、机械机构钻取种植生物毛囊的可行性、毛囊提取效果以及定位检测算法和整机装配系统的准确性。

其三，产品设计与优化。设计毛囊移植笔的机械构成和功能，包括可拆卸的笔头与笔体连接结构、满足多种功能需求的毛囊切割夹片和毛囊临时存储性针筒等；选择合适的主控芯片、电机等，设计稳定的电路和合理的程序，实现植发笔的各项功能。

其四，商业模式规划。规划具体可行的商业模式，如：将单一的电动植发笔向医美机构销售并提供收费培训；将与机械臂结合的一体化智能植毛仪通过租赁或技术入股的形式向机构推广，并提供免费培训；将定制化笔尖作为医疗耗材销售。

其五，财务规划。进行财务预测，包括研发及运营费用、销售费用、服务费用、人力成本、不可计支出等各项成本的预估，以及产品定价、销量走势分析和利润估算，制订五年财务报表预测，评价项目的投资价值和发展前景。

本产品与主要竞争者的对比分析见表 3-1。

表 3-1　主要竞争者分析对比

优势比较	传统人工植发	ARTAS 机器人	智能植毛仪（本产品）
“取”“种”一体化	无	无	有
供区毛囊再生长	不可实现	不可实现	可实现
植发效率（秒 / 毛囊单位）	20	1.5（仅取发）	13
疲劳问题	有	较少	无
操作者数量	6 名以上	1 ~ 2 名	1 ~ 2 名
价格	10 ~ 20 元 / 毛囊	800 万元 / 台	35 万元 / 台

4. 创新

其一，技术创新。基于结构光数据的毛囊精准检测与定位，提出针对高密度结构光数据的毛囊检测方法，通过转换点云数据和改进的yolov5网络提高检测速度和精度；设计基于结构光的机械臂手眼标定方法，采用SVD算法提升标定精度（图3-4）。自主研发植发笔的取种一体化设计，实现了“钻”“取”“种”一体化，简化了手术流程，提高了毛囊存活率。

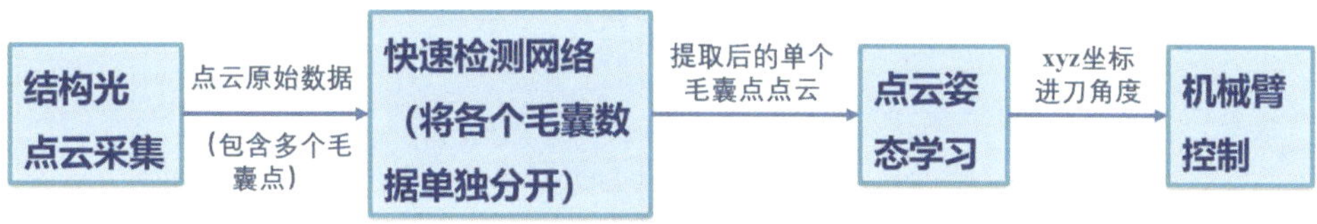

图3-4 基于结构光数据的毛囊检测方法

其二，产品创新。产品具有世界首创的毛囊夹断技术，实现供区毛囊再生长；整体设计提高了植发效率，降低了人力成本和手术成本；产品定价具有竞争力，相比ARTAS机器人更具性价比。

其三，研究成果创新。项目获得多项专利，包括国家专利13项、国际专利1项，并有5项国家专利已获得受理书；发表多篇论文，包括前期基础医学研究论文36篇，AI相关算法论文6篇。

5. 效果

其一，实验成果。通过动物实验验证了毛囊切割再生的可行性，如大鼠毛囊切割再生实验中，实验组毛囊上段再生率达 88%；家猪毛囊切割再生实验中，验证了移植笔钻取种植生物毛囊的可行性，成功率为 62.5%。

其二，社会价值。为脱发患者提供更高效、安全的植发治疗手段，满足人们对毛发健康的需求；推动植发行业技术进步，促进医疗美容行业发展；培养相关领域的专业人才，带动就业。

案例 3：智能辅助解析结构与官能团

简经鑫

1. 痛点

其一，碳量子点（CQDs）结构复杂，导致红外光谱（IR）解析困难。其官能团峰存在重叠现象，如 B-N 键与芳香振动区重叠；同时，纳米材料浓度低或表面修饰不均产生的弱信号易受背景干扰。

其二，传统 IR 解析高度依赖专家经验，主观性强且效率低下。在解析苯胺 / 苯硼酸合成碳量子点时，像确认 1380—1450cm^{-1} 区间 B-N 键的峰位移，人工解析易受噪声影响且易出错。

2. 目标

其一，利用 AI 技术实现对碳量子点官能团的精准鉴定，验证 B-N 键形成与提升发光效率的关系假设。

其二，明确共轭芳香骨架与表面官能团对电子跃迁路径的影响，建立发光效率与化学结构的定量关系模型。

其三，满足高通量需求，实现对大批量合成样品的快速筛选，推动功能化 CQDs 的理性设计与产业化应用。

3.AI 赋能措施

其一，构建红外光谱数据库。收集苯胺、苯硼酸及 B-N 化合物等数据，为训练深度学习模型提供数据支持。

其二，训练深度学习模型。利用 DeepSeek 技术，训练模型自动提取红外光谱特征峰，识别复杂峰形模式，提升解析精度与速度。

其三，结合化学逻辑优化预测。依据反应机理库，对模型预测逻辑进行优化，通过对比原料和产物光谱信号，推测反应过程和碳量子点的官能团结构。

其四，建立结构 - 发光效率模型。借助 AI 建立 B-N 键含量（红外峰面积）与量子产率的线性关系，指导合成工艺优化，如控制水热温度和反应时间提升 B-N 键占比和量子产率。

其五，开发高通量筛选平台。将 DeepSeek 模型集成至自动化合成 - 表征系统，快速完成官能团分析与性能预测，降低人工解析成本和误判率。

4. 创新

其一，教学模式创新。在“有机化学”课程教学中引入 AI 辅助解析有机波谱，拓展学生使用 DeepSeek 辅助解析未知有机化合物的能力，创新教学内容和方法。

其二，技术应用创新。运用 AI 技术解决碳量子点红外光谱解析难题，通过深度学习模型提取光谱特征，结合化学逻辑优化预测，实现对复杂光谱的高效解析。

其三，应用实践成果。成功揭示 B，N-CQDs 的官能团构效关系，建立结构 - 发光效率模型，优化合成工艺，并开发高通量筛选平台，推动纳米材料智能合成的标准化与规模化应用。

其四，知识产权成果。相关碳量子点合成制备方法已申请多项专利，包括已授权和实审中的专利，为技术应用提供保护。

5. 效果

其一，应用成果初显。虽然未明确应用规模，但已在研究中取得成效，揭示了碳量子点官能团构效关系，优化了合成工艺参数，开发了高通量筛选平台，为功能化 CQDs 设计提供分析工具。

其二，社会经济价值潜在。有助于推动纳米材料的产业化应用，提高相关产品的性能和生产效率，创造经济价值；同时提升教育教学质量，培养适应时代需求的创新型人才。

其三，示范引领作用。为高等教育化学相关课程教学提供创新范例，展示了 AI 在化学分析领域的应用潜力，推动教育信息化和数字化转型，引导其他学科探索 AI 辅助教学和研究的新模式。

第五节
汕头大学 AI 交叉科学研究代表性成果

汕头大学作为研究型大学，深入推进教学和研究的协同发展，在智慧教学改革的同时，以 AI 研究支撑交叉科学研究。近年来，学校围绕 AI 在社会科学和自然科学领域进行了一系列的交叉研究，在国内外重要期刊发表了诸多研究成果，本书选择 5 篇社会科学和 5 篇自然科学的研究成果为代表作展示，见表 3-2。

表 3-2　AI 交叉科学研究代表性成果

题目	期刊
从本体论到认识论："双重抽象"场域内 AI 影像的心理现实性建构	《当代电影》
教育数字化转型中高校课程思政的困境与应对	《中国电化教育》
ChatGPT 推动中国教育学自主知识体系新书写	《江苏大学学报（教育科学版）》
数据驱动下的人工智能知识生产	《中国科技论坛》
人工智能时代的"在一起"	《中国人民大学学报》

（续表）

题目	期刊
Cesaro-type operators on derivative-type Hilbert spaces of analytic functions:The proof of a conjecture	《*JOURNAL OF FUNCTIONAL ANALYSIS*》
Entropy formula for Heisenberg group actions	《*JOURNAL OF DIFFERENTIAL EQUATIONS*》
Chaos for endomorphisms of completely metrizable groups and linear operators on Fréchet spaces	《*JOURNAL OF MATHEMATICAL ANALYSIS AND APPLICATIONS*》
基于极限学习机的短期交通流预测混合优化模型	《交通运输系统工程与信息》
Artificial humanity: A multi-method exploration of user responses to AI influencer affordances in short video platform	《*TELEMATICS AND INFORMATICS*》

第四章
汕头大学智慧管理服务理念与实践

汕头大学一贯秉持管理与服务协同发展的理念，致力于营造优质的学习、工作与生活环境，为师生构建高效的服务体系与发展平台。学校注重人工智能在管理服务领域的应用创新，持续提升管理服务水平与效能。

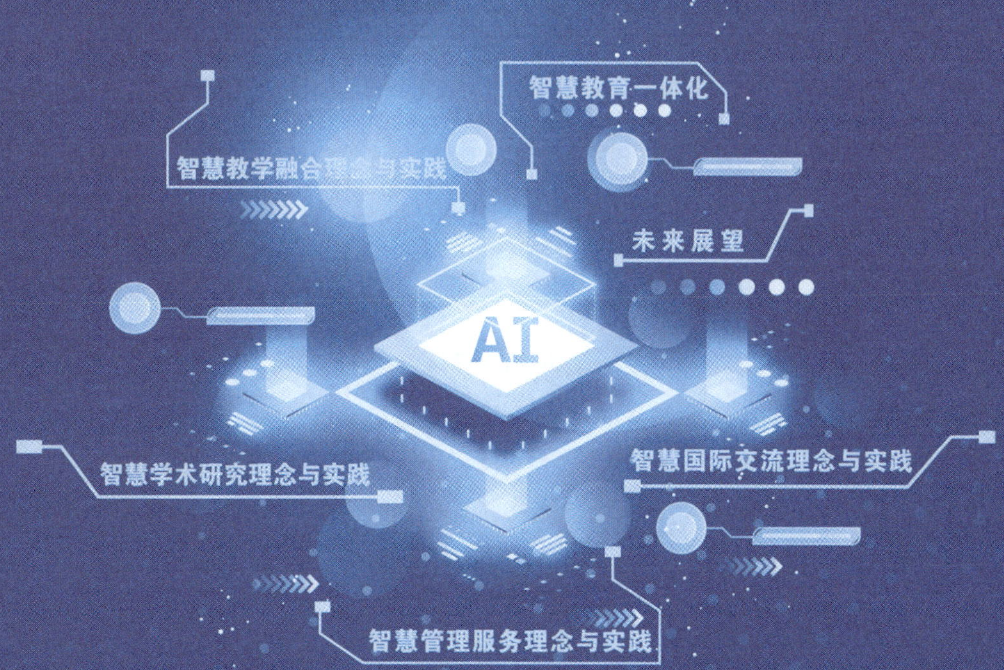

第一节
汕头大学 AI 管理服务理念

一、个性化服务理念

人工智能技术的发展为教育个性化提供了前所未有的可能。汕头大学在 AI 教学融合过程中，倡导“个性化服务”理念，强调通过技术实现对学生个体差异的充分尊重与精准响应。借助 AI 强大的数据分析和智能推荐能力，学校可以根据学生的兴趣、能力水平、学习风格和发展目标，为其量身定制学习内容、学习路径和评价方式，打造具有高度适配性的个性化学习体验。教师在 AI 的辅助下，更容易识别学生的潜在需求，提供有针对性的指导与支持，形成“千人千面”的教学服务新模式。通过推进个性化服务，汕头大学努力构建更加包容、多元和灵活的教育体系，使每一位学生都能在 AI 辅助下实现自身潜能的最大释放。

二、安全优先理念

在推进 AI 教学融合的过程中，信息安全与伦理风险成为必须高度重视的问题。汕头大学始终坚持“安全优先”理念，把教育数据的安全性和师生权益的保障置于技术应用的首位。无论是在数据采集、传输、存储还是使用环节，学校都建立起严格的制度规范和技术防护机制，防止数据泄露、滥用与歧视性算法风险，确保 AI 系统的可信可控。同时，注重加强师生的信息素养与 AI 伦理教育，引导其理性看待和使用智能技术，树立安全意识和法律意识。AI 教学的每一步探索，必须以安全为前提，以尊重个体隐私和人文价值为底线，为可持续的智慧教育发展奠定坚实的道德和制度基础。

三、以人为本理念

尽管人工智能在教育中扮演着日益重要的角色，但其终极目标仍是服务人的成长与发展。汕头大学在 AI 教学融合理念中强调“以人为本”，坚守教育的初心和使命，确保技术发展始终围绕人的全面发展展开。无论是课程设计、教学评价还是学习支持，AI 的使用都应尊重人的能动性和情感需求，辅助而非替代教师的引导作用，增强而非削弱学生的思维能力与社会责任感。学校致力于打造一个人机协同、相互促进的教学生态系统，让 AI 成为促进师生关系互动、激发学习动机和增强人文关怀的积极力量，从而实现教育的智慧转型与人的幸福成长相统一。

四、高效智能理念

AI 技术在处理复杂任务和海量信息方面的优势，为教育教学提质增效带来巨大潜力。汕头大学将“高效智能”作为AI教学融合的重要目标，通过引入智能化教学工具、自动化分析系统和辅助决策平台，显著提高教学管理效率、课程执行质量和学习成效反馈的及时性。在教学实践中，AI可以高效完成如作业批改、成绩分析、学习路径推荐等任务，大幅减轻教师的重复性劳动，使其有更多精力专注于教学创新与学生成长。同时，AI推动教学内容与资源的智能更新，使知识传递更迅速、学习体验更灵活。高效与智能的深度融合，有助于打造既有速度也有温度、既有规模也有质量的现代化教育体系。

五、持续改进理念

教育不是静态的制度安排，而是一个动态发展与持续优化的过程。汕头大学在推进AI教学融合时，始终秉持“持续改进”理念，将其视为智慧教育体系生命力的重要源泉。AI技术提供的实时反馈机制和精准数据支持，使得教学活动可以在实施过程中不断进行调整与优化，实现“边教边改、边学边优”的良性循环。学校通过建立反馈机制、完善评价体系和建设教学改进数据库，鼓励教师基于AI分析结果反思教学行为，推动课程内容和教学策略持续迭代。同时，也鼓励学生参与教学反馈过程，提升其学习自觉性与责任感，真正形成一个由内驱动、技术助力、共建共享的持续改进机制。

第二节
汕头大学智慧校园管理实践

一、背景及目标

为积极响应国家“教育信息化2.0行动计划”和“教育现代化2035”政策，针对“十三五”期间信息化建设中存在的核心问题，如信息孤岛、数据壁垒、流程冗长、系统老旧不能适应新需求等，学校于2020年11月启动了智慧校园专项建设，“智慧校园”建设项目由腾讯云、中国银行和汕头大学联合，学校提出建设需求，腾讯云及合作伙伴具体实施落地。综合运用人工智能、云计算、大数据、物联网等先进技术，实现数字校园升级，构建“数智化、绿色化、融合化”的智慧校园新生态，支撑学校教学、科研、管理和服务的高质量发展。

二、项目内容

基础层：私有云建设；技术支撑层：数据中台建设；业务应用层：

企业微信、微校一卡通、一网通办、智慧学工、智慧教务、智慧财务、采购管理、公文流转、智慧安防、数据可视化等内容。

“智慧校园”项目整体框架如图 4-1 所示。

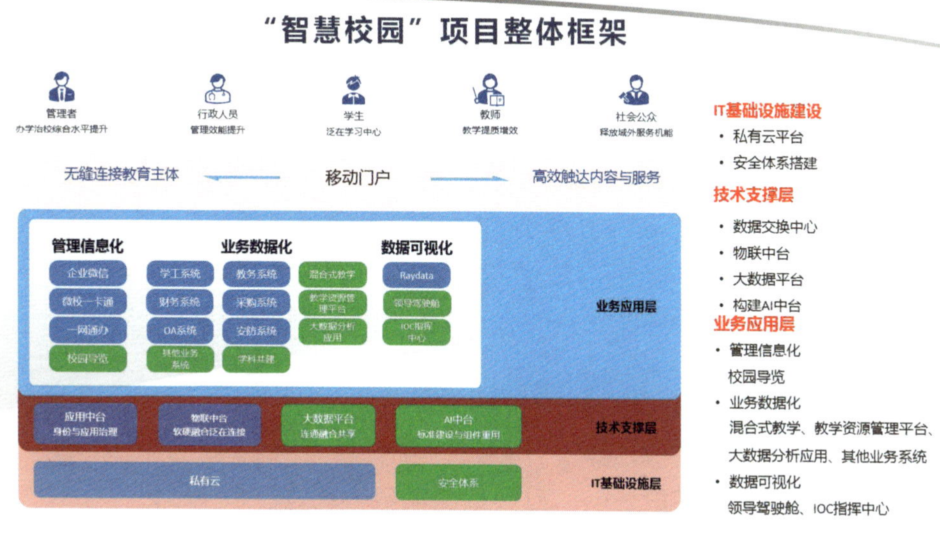

图 4-1 “智慧校园”项目整体框架

三、项目成效及使用数据

（一）私有云建设：夯实信息基础

云化本地数据中心，进一步统管和汇聚计算、网络、存储、安全等资源，实现精细化运营，加速形成基础设施建设新常态。

私有云由 15 个服务器节点和私有云管理平台组成，目前承载了数据中台、教务系统、学工系统、采购系统、一网通办等新建系统的运行与数据存储。私有云提供 120 个云主机，支持虚拟 vCPU 1195 核，提供

129TB 的存储空间，部署 7 个负载均衡模板。如图 4-2 所示。

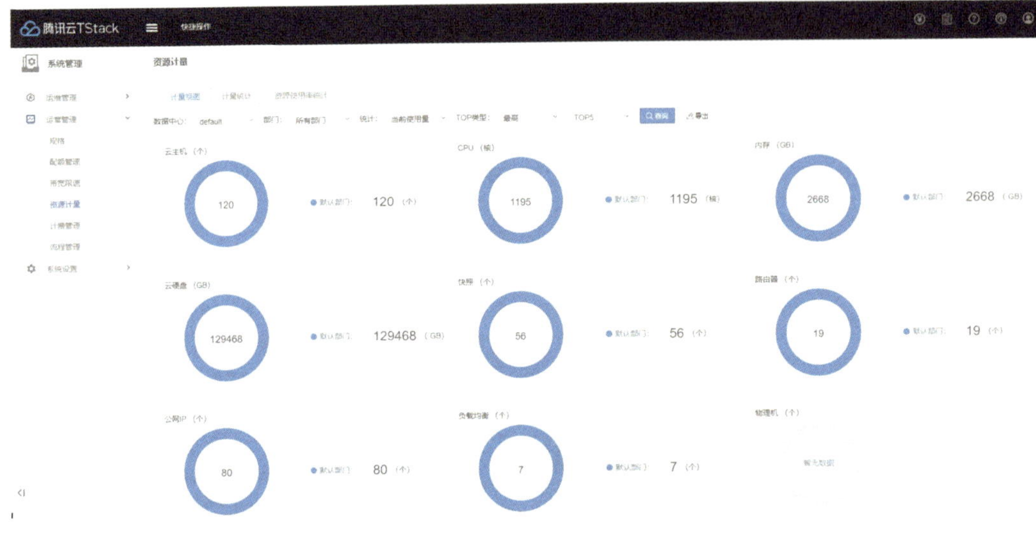

图 4-2　私有云

（二）数据中台建设：打通数据壁垒，统筹各系统接入

加强各二级组织机构的沟通联动，按照“应采尽采”的数据共享思路，持续推进数字治理，规范学校基础数据的采集、分类和更新工作，为系统接口及数据梳理提供服务，已对接人事、学工、科研、教务、财务、资产等 30 个系统，接口 221 个，数据吞吐量 63.72 亿条，建立相关数据模型 489 个。如图 4-3 所示。

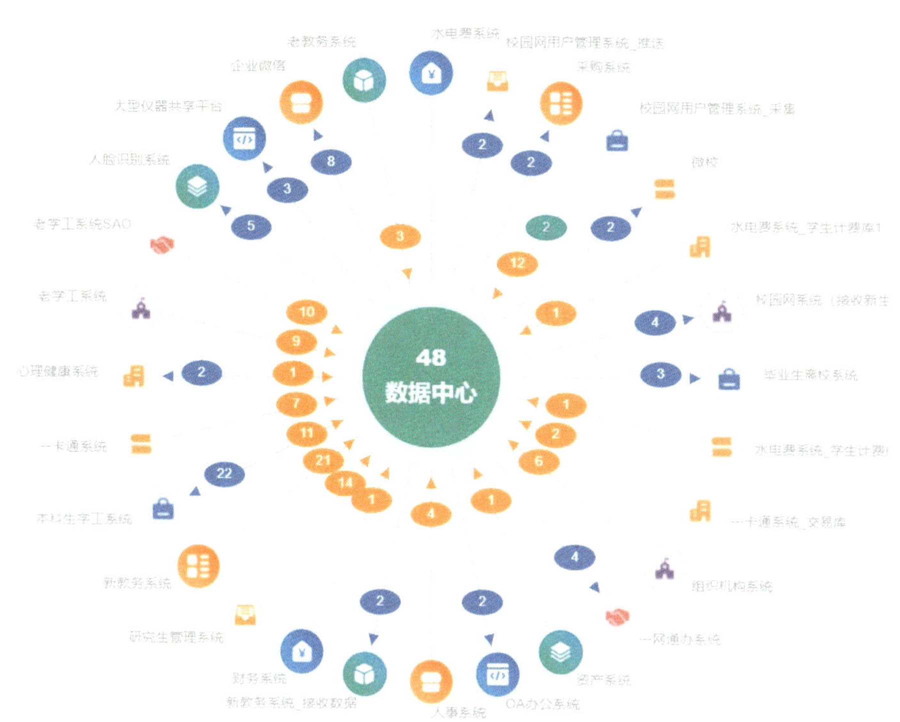

48
数据中心
老教务系统
水电费系统
校园网用户管理系统_推送
企业微信
采购系统
大型仪器共享平台
校园网用户管理系统_采集
人脸识别系统
微校
老学工系统SAO
水电费系统_学生计费库1
老学工系统
心理健康系统
毕业生离校系统
一卡通系统
本科生学工系统
一卡通系统_交易库
新教务系统
组织机构系统
研究生管理系统
一网通办系统
财务系统
资产系统
新教务系统_接收数据
人事系统
OA办公系统

WIS-CDSP数据资产管理平台
244
159
6
39
106
70
2,337,577
6,372,977,064
2,337,577
2,312,906
24,671
ETL接口数据
运行总次数

图 4-3　数据中台

（三）智慧教务：应用场景智能化

功能模块：支持多校区管理需求，包括基于学分制教学模式下的培养方案、开课、排课、选课、考务、成绩、学籍、教材管理、毕业审核、移动端等功能。自上线以来师生使用操作记录高达 2043 万条，月均接近 300 万次使用操作。

随着学校规模的扩大和学生人数的增加，学校在传统教务管理模式有多个场景正通过人工智能的应用达到资源优化，提高教务管理运行效率等效果。目前在建的教务智能体，以提升教务管理效率、优化教学资源配置并实现数据驱动决策。包括整合分散的教务系统数据；开发智能应用模块，智能排课、学业预警、个性化推荐和教学质量评价；实现移动化服务，方便师生查询和办理业务；同时保障数据安全与系统稳定运行。通过教务智能体建设，学校旨在提高教务管理效率、优化资源配置、实现科学决策，最终推动教育教学高质量发展，提升师生满意度。

教务智能体建设，通过个性化教学、自动化管理、即时服务及互动交流等方式，优化师生体验，推动教育创新，旨在构建一个更加智慧、高效、个性化的教育生态系统。在可用、可信、可控的前提下，完成教务处 AI 智能体知识库的建立，实现教学相关问题智能问答、智能应用推荐、智能教学资源推荐等。AI 智能体能够收集和分析大量的问答对话数据为教务决策提供科学的依据。

（四）智慧学工：一站式综合服务管理

帮助实现学生工作的“精细化管理”和“人性化服务”，整合各类管理资源，打破部门边界，为学生个人、学生处、书院、物业管理中心提供统一的访问入口、统一的数据基础。

功能模块涵盖迎新、学生数据、学生事务、宿舍管理、思政、资助、心理健康、毕业等9大模块，实现在校学生全生命周期管理。

使用情况：自成功上线运行以来，实现了多校区学生全员管理，从新生入学到校内生活，涵盖了学生的基本信息管理和在校期间的各类场景化服务。学生基本信息管理工作变得更高效、更规范。应用可汇总学生学籍、联系、奖惩、资助、成绩等各方面的数据，供负责学生工作的老师可以全面总览学生的情况，并以数据支撑业务的方式，辅助更多基于精准数据的业务开展。宿舍服务围绕学生从入住到退宿的全生命周期管理，对宿舍管理业务进行整合，包括宿舍资源管理、学生批量住宿安排、学生零星住宿安排、宿舍检查等功能，从而实现宿舍管理及服务的数据信息化、流程信息化，最终达到数据共享、管理自动化、管理智能化的效果。

（五）采购管理：规范采购防范风险

功能模块：包括预算项目管理、采购立项管理、采购任务管理、采购执行管理、采购合同管理、验收管理、付款管理、资产对接管理等模块。已成功上线运行3年，货物类采购申请2613个，服务类采购申请347个，工程类采购申请 20 多个；进入实施阶段执行的项目：网上竞价项目 47 个、用户比价项目 21 个、政府平台采购项目 1765 个、校内集中采购项目 51 个、用户直接采购项目 725 个，简化了采购操作，提高了采购效率，加强了风险管理。

（六）智慧安防：助力平安校园管理

建设内容：部署高清摄像头、人脸识别闸机、一键报警柱等设备，覆盖图书馆、宿舍等重点区域。实现人员和车辆实时管控、智能预警管理、报警联动等，异常事件预警响应速度提升 60%。如图 4-4 所示。

图 4-4　智慧安防

（七）一网通办：提高办事效率

流程优化：线上毕业离校统办、线上活动和资源预约统管、图书检索申请、档案查询申请、保卫业务申请、后勤资源申请、网络服务线上办理等功能，目前逐步实现跨部门流程优化再造，杜绝纸质文件流转和线下审批。

（八）可视化平台：领导驾驶舱

功能模块：基于 3D 建模和交互技术构建校园智慧管理可视化平台，完成桑浦山校区与东海岸校区的核心部署（图 4-5）。系统通过三维动态模型呈现能耗监测、设备运行、安防态势等关键数据，支持多级菜单导航及点击交互查询，通过 LED 大屏展示，配备图像引擎服务器实现数据渲染。已梳理校园概况、学生情况、教学科研、安全防控、后勤服务和资产设备六大类共 31 类小项的数据明细表，与教务、保卫等部门建立数据接口对接，根据部门需求配合进行可视化大屏的多场景推进数据对接工作。

图 4-5 可视化平台

第三节
汕头大学安全大模型实践

大数据与人工智能的崛起将网络安全领域推向新的里程碑，大模型已成为新一代安全作战体系的核心能力，普通的人工智能通过依托海量安全大数据，以 CoE（多专家协同）大模型为基础，通过安全场景专项化训练，形成安全垂类大模型，安全大模型在深度研判、威胁溯源等方面的能力全面提升体系化安全防御水平。根据汕头大学网络安全现状，虽然已建设了新一代网络安全态势感知平台以及对应能力探针体系，但仍然存在攻防不对称、海量数据分析局限、依赖安全专家、大量重复性工作等安全问题。

一、我校安全大模型建设情况

2025 年 2 月我校已经把安全大模型部署到本地数据中心，并接入了远程运营托管服务，实现远程和本地态势感知协同进行日常运营，实现对日常复杂安全告警的人工智能分析，实现网络告警研判、“钓鱼邮件”深度解析、安全事件响应处置和智能告警研判等安全任务（图4-6）。与我校数据中心已经建设的各种安全产品协同，一方面增强安全产品的关键决策环节自动化执行能力，提升产品运营效率，另一方面发挥安全大模型在深度研判、威胁溯源等方面的能力全面提升体系化安全防御水平。

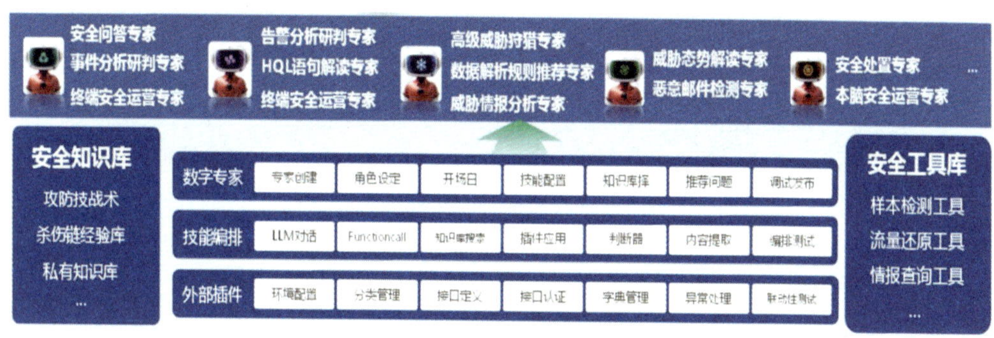

图 4-6　安全大模型

二、安全大模型建设效果

（1）人工智能数字专家（图 4-7）。目前我校已接入的安全大模型，可以提供 DeepSeek-R1 版智能数字专家团队，相当于专门服务于我校的虚拟安全员工，且拥有高级专家能力，能有效帮助我们解决日常安全告警问题。比如数字专家样本分析、分析样本行为日志、识别潜在的威胁风险，攻击溯源数字专家，深度溯源攻击者对应的设备、身份等信息等，大大减轻人员运维压力。

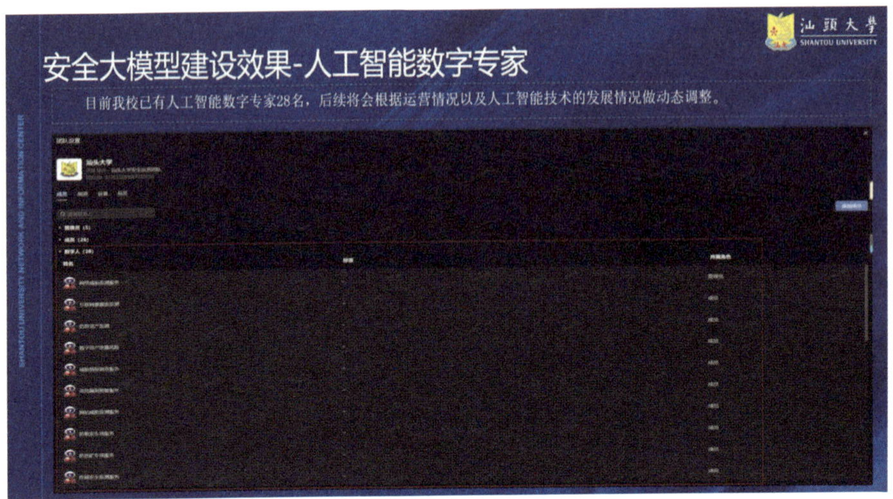

图 4-7　人工智能数字专家

DeepSeek-R1版智能数字专家，可以提供日常安全问题的智能问答，将安全云的业务知识预训练到安全云 DeepSeek 大模型，形成专有安全云知识库，同时将安全云的应用接口以指令集的方式与大模型打通，实现指令解析—语义解析—调用安全云数据接口—语义封装—内容生成的智能体流程，模拟真人安全专家给出专业准确的回答，大大拓展了网络与信息中心运维人员的知识水平。

（2）重保时期的校园网服务。安全大模型在重保时期通过大屏实时监控重保作战态势，实时展示溯源数据、防守架构、攻防态势、情报通告的关联数据，可在短时间内提出安全告警处置的建议动作，结合漏洞情报追踪系统，深度挖掘情报信息，精准高效地推送 0day 漏洞，提供攻击 IP 清单，并实现低延时情报预警，以便及早防患于未然。

（3）运营数据自动生成。安全大模型通过安全云服务接入本地后，可根据我校网络安全现状定期实时生成安全分析报告，且报告解读智能体通过 DeepSeek-R1 强大的推理与解读分析能力，自动化与智能化将安全云专项报告，实现自动提取报告摘要、总结安全风险、提供安全建议、给出决策依据等（图 4-8）。帮助运营团队提升报告处理效率，减少人工分析的负担。

（前台成果展示：报告解读数字专家在平台中使用）

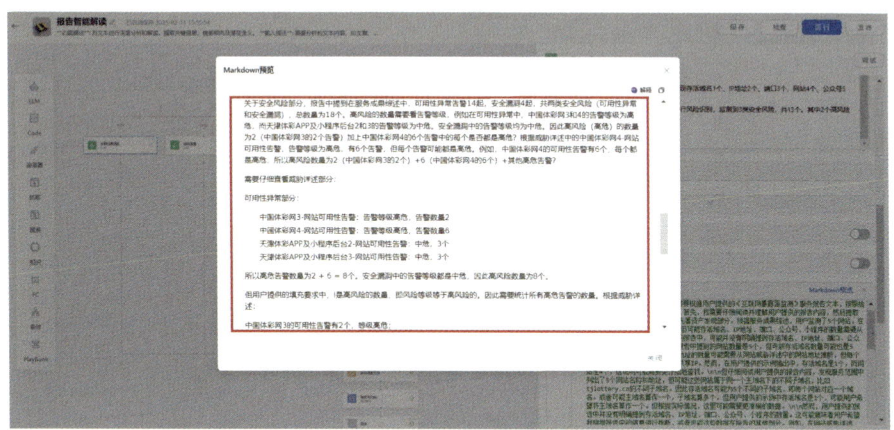

（后台分析过程：DeepSeek-R1 报告解读深度思考分析）

图 4-8　安全分析报告

第四节
东海岸校区智慧教学空间

一、智慧教学空间管理平台

秉承“推进教育管理信息化建设，深化信息技术与教育教学深度融合”的建设初衷，整体围绕“三横、两纵、一融合”的思路（图 4-9）规划建设，积极创新教育理念和教学模式，促进教学空间的教育管理数据融合与共享。

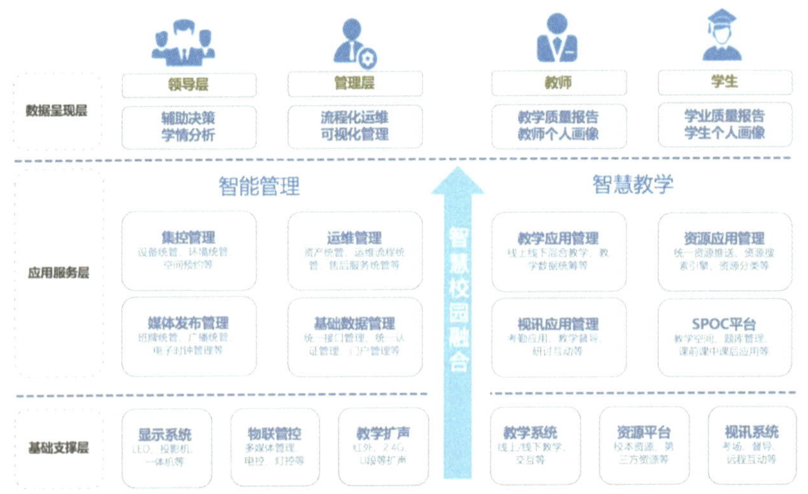

图 4-9 “三横、两纵、一融合”建设思路图

二、智能管理平台

主要负责多媒体教室的设备管理，包括智慧教室、会议预约、智能运维、智能发布、智能电源、数据可视化五大功能板块。将客观教学状态进行数据转换，依托强大的系统功能，搭建融教、学、巡、督、考为一体的数字化教学平台。

智慧教室功能板块（图 4-10、图 4-11）可远程实现对教室的空调、电脑、一体机、门锁、智能开关和灯光等设备单独和多组合式即时与计划控制，可根据具体业务需要，设置设备联动机制，提前开启或计划关闭部分设备，实现设备课前预先开启，课后统一关闭；教师亦可自己点击讲台上的中控，点选“上课”“下课”，一键开启 / 关闭所有设备，也可单独控制电脑、一体机、空调、灯光、录播设备的开关机，设备的开关高效统一，减少教师上课前的准备工作，做到设备有序使用，减少空闲损耗。同时结合利用线上巡检功能提前定位故障设备，实现课前设备故障及时解决。

序号	图标	场景名称（场景内容备注）	场景说明	关联智慧教室	创建者
3		关电脑一体机空调灯除湿	执行"打开空调"等操作	D506，D507，D509，D510…	200246
4		关电脑一体机空调灯56楼	执行"关闭讲课电脑""关闭空调"…	E501，E502，E503，E515，…	stdx
5		关电脑一体机空调灯4楼	执行"关闭讲课电脑""关闭空调"…	E401，E402，E403，E410，…	stdx
6		关电脑一体机空调灯3楼	执行"关闭讲课电脑""关闭空调"…	E316，E317，E318，E320，…	stdx
7		关电脑一体机空调灯2楼	执行"关闭讲课电脑""关闭空调"…	E203，E205，E206，E207，…	stdx

图 4-10　设备场景联动

图 4-11　教室物联中控平台

会议预约功能板块借助教务系统空间预约功能，方便掌握教室、机房、研讨室的预约使用数据，为汇总空间使用率、无序空间使用情况、运维巡查安排提供数据支撑。

智能运维功能板块是教室运维人员解决和分析设备故障的得力助手，包含智能运维和智能巡检 2 个子功能。运维人员可随时随地利用手机 APP 和企业微信端查询教室报障情况、做好故障解决登记工作、人员跟进报修流程、获取每日智能设备巡检数据等需求。将运维人员从烦琐的报表整理中抽离出来，更加专注于业务支持和能力提升。

智能发布功能板块（图 4-12）通过控制教室进门位置的电子班牌（图 4-13），对接教务系统，每日同步课表信息，方便师生和管理人员查看教室课程和使用信息。同时可作为教学区信息统一发布平台，及时发布校内资讯、公告、活动海报、宣传视频等内容。智能门锁亦可接受分时段课表信息，联动门锁常开常闭指令，师生可自主进入有课程安排的教室，无需运维人员挨个开门，节约人力消耗，提高进出效率。英语四六级考试和各类型考试期间，通过切换窗口程序，进入考试人脸识别系统，即可完成考生入场身份信息检索和数据上传功能。

图 4-12　电子班牌

图 4-13　智能发布控制平台

智能电源功能板块（图 4-14）借助安装在教室配电箱内的 485 空气开关，可查询教室当日设备用电数据，也可通过控制设备开关进入教室假期模式，通过提供教室能源使用情况数据，方便管理单位做好教室使用规划，避免不必要的能源浪费。

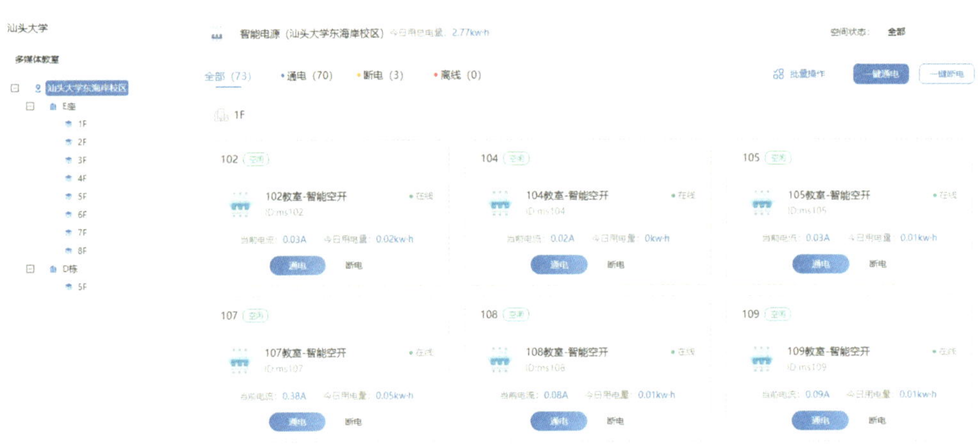

图 4-14　智能电源功能板块

数据可视化板块（图 4-15）将各类设备状态、区域状态、能耗数据、运维工单等数据以图形化的方式直观呈现出来，方便管理人员对各类型业务有一个宏观的判断。

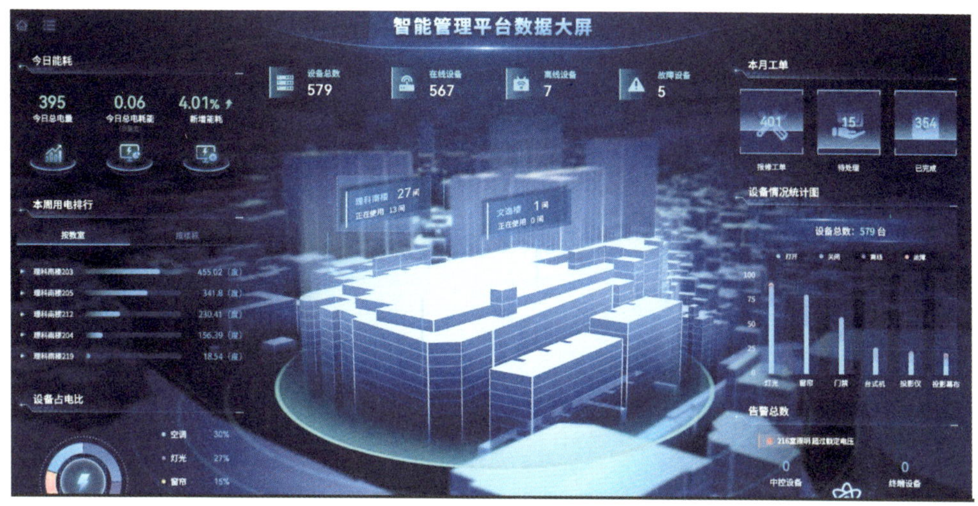

图 4-15　智能管理平台数据大屏

三、物联中控平台

物联中控平台（图 4-16）包含门锁系统、能耗系统、身份管理和各物联设备接入、API 调用、数据流转等支撑业务，服务于教室运维管理和建设单位，为将来系统扩容发展和设备升级，提供统一管理接入平台。

图 4-16　物联中控平台

四、督导巡课平台

线上督导巡课平台（图 4-17）借助桌面采集插件，采集功放和巡课摄像头音频，电脑桌面和巡课技防摄像头画面，实现三路声音和视频流信息展示。通过对接教务系统排课数据，管理员设置带直播的课程链接，评审人员可线上查看课堂实况，下载课堂内容回放。

图 4-17　督导巡课平台

五、智慧教室

教学楼智慧教室（图 4-18）依托数据互联互通的线下智慧教室与线上教学平台建设，实现跨校区、跨教室等超越空间限制的上 / 听课方式，该功能适用于大规模公开课、校区互动、远程多点课程等多元化教学场景，通过智能硬件和系统集成，实现内容优化、资源共享、师生互动。

分组研讨型智慧教室

探究式 / 信息岛型智慧教室

常规互动型智慧教室

常态化录播型智慧教室

图 4-18 智慧教室

在线下，分组研讨型智慧教室中可根据授课内容及课堂任务需求灵活调整桌椅，以学生为中心，为创新混合式教学的互动方式赋予了更多可能性。多功能的智慧教室空间支持教学和研讨过程中的“无感”录制，也可受控导播精准聚焦课堂细节，便于学生课后复习查看，形成课程资源库，为打造精品课程提供丰富素材；

在教学过程中，搭配在线课堂平台（图 4-19），师生可通过互动教室拨号、手机无线投屏等方式实现教室与教室之间、小组和小组之间、师生之间的信息交流与角色互换。利用软件自带的多种工具包和互动工具，更加方便学生聚焦课堂内容，增强互动效果，专注讨论话题的契合度，寻找差异化观点，激发学生课堂参与积极性。

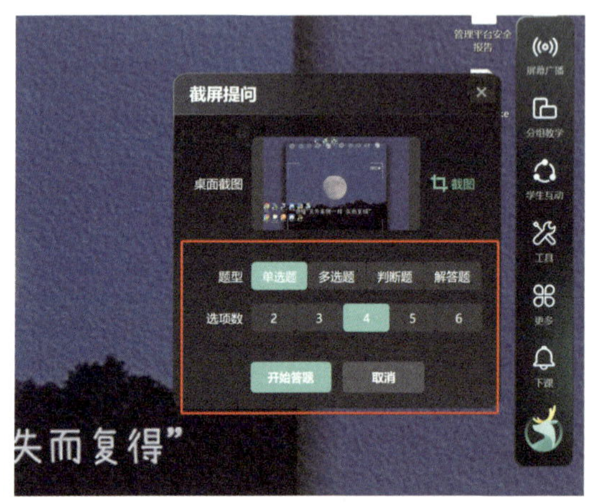

图 4-19　在线课堂平台

在线上，学生可通过手机 APP 登录汕大优课课程平台（图 4-20），完成课程点播、作业提交、问题讨论、文件下载等操作，利用教学平台实现师生在线互动和学生自主学习等功能，打破空间约束，从而拓展学习的多样性、丰富性，延伸课堂效能。

图 4-20　汕头大学优课教学平台

六、VR 虚拟仿真实验室

VR 虚拟仿真实验室（图 4-21）主要由多媒体视听设备、头戴式虚拟现实显示设备、VR 万向行动平台（图 4-22）、沉浸式慕课录制系统、沉浸式 VR 演讲和口译实训平台构成，借助虚拟仿真、数字孪生、人工智能技术构建元宇宙教学科研环境，实现多语种听、说、读、写、译的技能实训，有效支持学院教学实训和评学评教活动的开展。

图 4-21　VR 虚拟仿真实验室

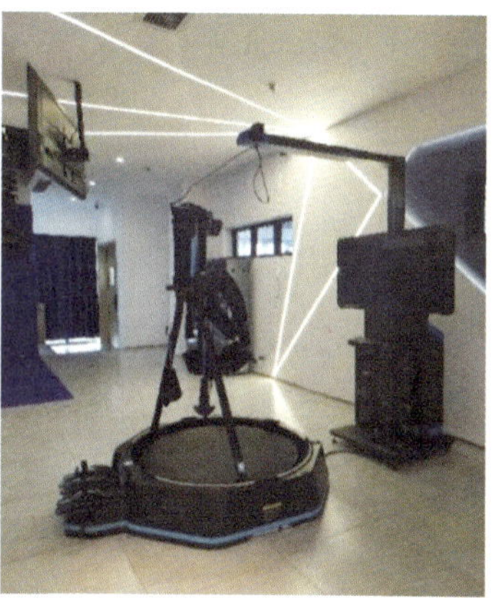

图 4-22　VR 万向行动平台

教室搭配 6 组 48 座拼接课桌，可作为传统教学会议使用，也可佩戴 VR 头显，进入元宇宙学习空间，沉浸式体验 3D 场景效果，更有益于激发学生们观察模型、虚拟课程内容互动的兴趣。学生在平时可在 Windows 系统下安装平台软件，根据老师推送的课程内容和打卡题库，完成平面视角下的交互体验。

七、其他智慧教室

为满足师生多样化的教学及其他活动需求，除以上教室外，学校还在教学楼建设了计算机教室，用于各语言平台程序设计、数据分析、媒体艺术、工程 CAD 制图、深度数字学习等需要上机操作的课程，同时满足各类线上考试、学科竞赛、学期选课等专项活动需求。

语音实验室可实现多语口译、发音纠正、文段阅读、题库问答、口语考试等实训课题，为提升语言类课程的教学质量提供了良好的训练平台，满足 CET-SET 考试使用需求。

虚拟演播室可利用蓝箱背景模拟演讲互动和室内室外各类型场景，灯光角度和强度灵活可控，视频画面自动合成，后期制作简单易用，实现简单高效的创作情景课堂、访谈讲座、创意短片等视频内容。

制图室专用于工程绘图、建筑设计和专业美术课程等课程，配备宽幅多角度抬升装置桌面，契合专业上课需求。

特殊功能型智慧教室均配备管理控制系统，实现设备控制、软件管理、情景模拟、数据收集、文件同传、画面广播、批量分发等功能。

第五节
汕头大学数字书院建设实践

一、痛点

其一，信息技术的革新为教育领域带来了丰富的资源和创新的育人手段，同时也对传统教育模式提出了挑战。

其二，传统书院制在运行中存在资源分散、协同不足等现实困境。

二、目标

结合“大数据”思维，利用数字化手段，将书院制人才培养与数字化技术有机结合，建设“数字书院”，实现学生综合能力素质培养的信息化、科学化、智能化、精准化发展。

三、AI 赋能

（一）织密数字服务网，智创书院服务新范式

（1）学校实施设备升级换代项目，通过采用最新的网络技术标准，

将校园网络主干带宽提升至万兆级别，并部署了高性能的核心交换设备。针对书院的网络使用特点，采用了“有线无线一体化”的组网方案，实现了学生宿舍和公共育人空间全覆盖和无缝漫游。建立智能化网络监控系统，确保书院网络服务稳定可靠；加强网络运维团队建设，配备专业技术人员，建立快速处置流程，确保网络故障得到及时有效地解决。

（2）学校全力推动物联网中台和智视感知系统建设，通过科学规划，在书院重点区域部署了高清视频监控系统，门禁系统升级为人脸识别与校园卡双认证模式；环境监测传感器实时采集温湿度、空气质量等数据，为营造舒适学习生活环境提供依据。这些智能终端通过统一的物联网平台进行管理，实现了设备状态的远程监控和集中调控。

（3）创新打造线上书院，以数字化赋能书院发展。依托“汕大学工”微信公众号，建设集跨时空思政教育、书院展示及学生场地预约、宿舍申办、宿舍报修等服务于一体的线上书院教育服务平台，以精准化服务学生成长成才需求，为学生提供及时、高效、便捷的服务；基于学生日常需求，大力推广自助服务设施建设。在每个宿舍楼栋配置打印自助终端，支持移动支付。智能洗衣系统实现手机预约、状态查询、在线支付等全流程服务。自动售卖机提供 24 小时便捷服务体验，形成完善的社区服务生态。

（二）打通数据大动脉，构筑书院管理新格局

学校坚持以生为本，依托现有信息化平台，充分发挥大数据管理与

分析、计算机科学等学科的专业优势，创新构建学生事务管理系统。该系统整合了多维度数据，并通过标准化接口实现与教务系统、心理系统、门禁安全系统等校内业务系统的数据互通，形成完整的学生成长数据链，再通过书院辅导员将日常谈心谈话、走访调研、学业指导等数据进行数字化归档，进一步丰富系统的数据维度。依托学生事务综合管理系统，书院辅导员可快速查询、筛选和分析学生信息，既能宏观把握学生群体的整体状况，又能精准聚焦个体需求。

（三）点燃数字教育芯，释放人才培养新活力

（1）学校立足书院实际，针对线上线下资源配置不均衡、第一课堂与第二课堂“两张皮”等问题，系统构建了“专业教育＋素质开发＋社会实践＋数字赋能”的书院“数字＋第二课堂”育人体系，全面赋能高质量人才培养。保障育人过程系统化和成效可评价，书院第二课堂实施“足迹记录＋学分认证＋荣誉激励＋成果转化”全息化评价系统，通过信息化平台管理项目发布、学生选择、评价反馈和学时记录，构建学生成长数据池，实现科学化管理和全程化跟踪。

（2）学校不断深化书院线上育人内涵，利用虚拟现实（VR）等技术手段，将党史学习教育、中华优秀传统文化教育、爱国爱校教育等移到云端，通过虚实融合的方式，打造沉浸式思政教育平台。

四、创新之处

其一，数字技术与书院管理模式的系统性创新。学校系统构建学生事务综合管理系统，标志着书院管理服务进入智能化新阶段。该系统整合了多维度学生管理数据，构建了精准化、个性化服务体系，充分展现了数据驱动下思政教育的创新潜力。

其二，数字技术与书院育人体系的赋能性创新。在数字化转型背景下，学校创新构建“数字＋第二课堂”融合育人模式，实现了专业教育、素质开发、社会实践与数字技术的有机统一。该模式突破传统教育的时空限制，通过“理论奠基—实践强化—数字赋能”三维联动机制，打造了全过程、全方位的育人新范式。

其三，数字技术与书院教育应用的突破性创新。以技术创新驱动教育模式变革，大力推进数字技术与书院育人过程的深度融合，实现从经验驱动向数据驱动、从标准化供给向个性化服务、从单向传授向多维互动的范式转变。

五、教学效果

其一，数字书院建设。在高等教育数字化转型的时代背景下，汕头大学系统推进“数字书院”建设，成功实现了三大关键转变：从经验导向到数据驱动的治理方式转变、从条块分割到系统集成的管理模式转变、从单一服务到综合育人的功能定位转变。

其二，构建育人生态。形成了“夯实数字基座—强化数据治理—创新智能应用”的递进式发展路径，构建了覆盖学生全成长周期的数字化育人生态。其突出价值在于：通过信息技术与育人规律的深度融合，有效破解了传统书院制运行中存在的资源分散、协同不足等现实困境，为高校探索书院数字化转型提供了有效参考方案。

第六节
汕头大学数智化教学质量管理实践

一、痛点

其一，教学评价体系中存在“数据烟囱”现象。学生评教、听课评价、二级教学单位评价等多套评价系统独立运行，难以将各类指标体系、数据板块、评价维度有机融合，难以形成一套与教学质量保障综合评价功能相匹配的评价机制。

其二，教学过程监管存在“时空盲区”。传统人工督导巡课模式对课程监测的覆盖率低，且依赖经验判断的课堂诊断方式难以捕捉师生互动细节，导致教学改进建议针对性不足。

二、目标

其一，通过构建“双中台 + 智能中枢”架构，实现多维度评价数据的标准化整合与深度分析，提升教学质量综合评价效率。

其二，搭建覆盖全场景的智能在线巡课系统，实现课堂教学全过程追踪，提升课堂诊断效率与精准度。

三、AI 赋能

（一）构建教学质量评价信息系统，数智技术赋能数据治理

（1）依托“数据中台 + 业务中台”双轮驱动架构，构建智能化教学质量评价信息系统（图 4-23）。系统通过标准化数据治理整合教学信息反馈、听课评价（包括同行评价、督导评价、领导评价）、学生评教、教学单位教学状态评价等多项业务模块，建立包含 21 套评价指标的标准化整合与动态关联体系，实现“校—院”两级数据的实时联动。

图 4-23 智能化教学质量评价系统

（2）基于 5G 通信技术与人工智能算法，系统创新开发移动评教、无纸化评价、教师数字画像生成（图 4-24）、大屏数据可视化（图 4-25）等智能功能，增强智能技术对教学质量评价的支撑作用。

图 4-24　教师数字画像

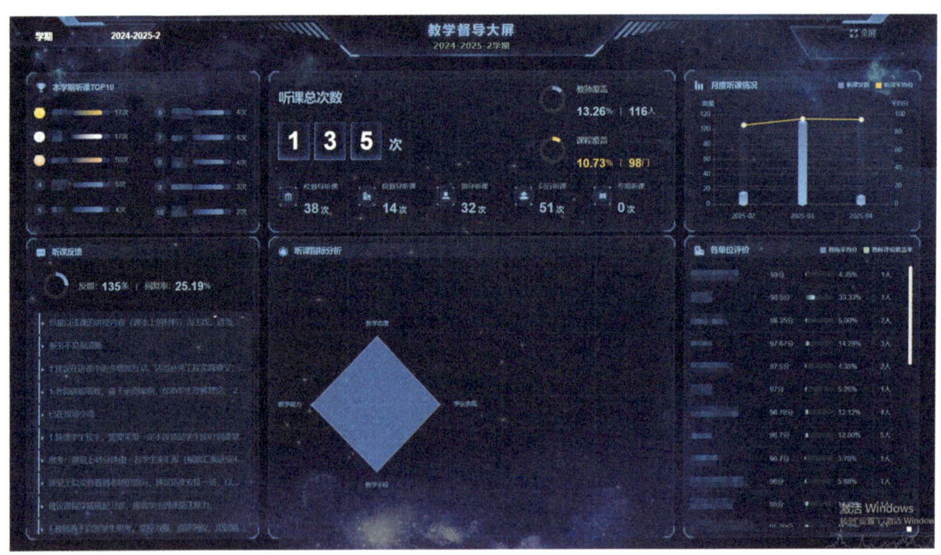

图 4-25　教学督导大屏

（3）利用系统覆盖教学全周期的质量监控数据库，实现教学基础数据与评价数据的大批量存储，有助于数据深度分析，从而提升评价分析的精准性与决策的科学性，推动“数据采集—智能分析—决策支持”闭环机制落地落实，有效推进教学质量评价体系数智化转型。

（二）搭建在线巡课系统（图 4-26），数智技术赋能教学监管

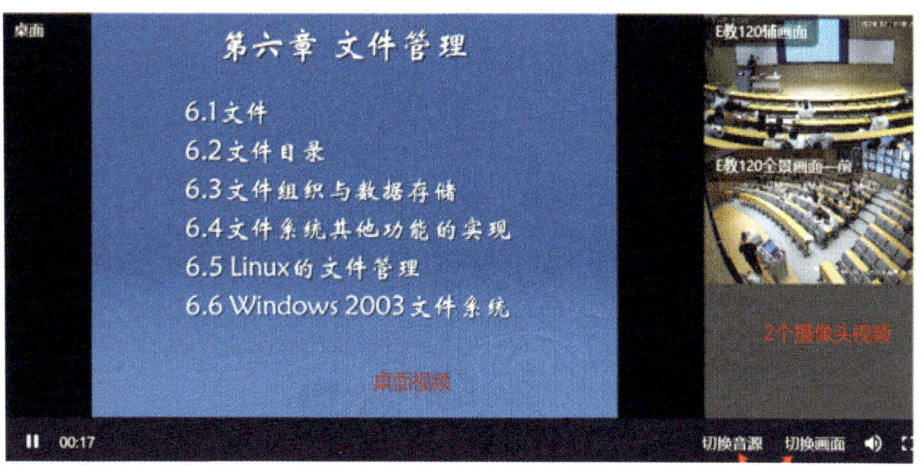

图 4-26 督导巡课平台

（1）构建覆盖全校 204 间教室的在线巡课系统，实现每学年全流程数字化监测约 1300 门课程（约 2800 个开课班）。

（2）通过在教室部署全景摄像头矩阵，系统支持巡课人自主切换视角、同步观看多流画面，覆盖教师授课、学生互动以及课件展示画面。

（3）依托人工智能语音识别技术，实现对课堂教学内容进行实时转录与内容总结，高质量记录课堂教学过程，助力预警教学进度与教学节

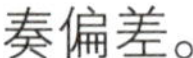

奏偏差。

（4）通过课堂实录与教学资源的自动编辑与归档，确保问题精准可回溯，同时也丰富了校本资源库，有效提升课堂教学质量监管的效率与实效，为构建“预防—发现—干预”的智慧教学监管体系提供了技术实践参考。

四、创新之处

其一，双中台架构驱动教学质量评价数据治理范式创新。教学质量评价信息系统的“数据中台＋业务中台”双轮驱动架构，突破传统教学质量评价系统的数据孤岛困境。通过整合多业务模块、覆盖各类评价指标体系、构建智能化助评与分析模式，有效提高质量保障评价工作的组织效率，实现教育评价开展方式的创新，优化教学管理服务流程，助力“数据采集—智能分析—决策支持”闭环机制落地落实。

其二，数智技术重构课堂教学监管模式。构建基于智能感知矩阵的在线巡课系统，开展教师行为、学生状态、教学内容三维数据同步采集，突破传统人工巡课的时空限制；采用隐蔽式数据采集方案，实现教学过程零干扰；借助智能技术实现课堂教学资源采集、编辑与归档，提升课堂教学数据分析与改进意见反馈的精准度，进而助力增强教学管理决策数据支持的科学性与说服力，有效推动“预防—发现—干预”的课堂教学智慧监管体系的形成。

五、教学效果

其一，数智化教学质量保障体系的示范效应显著。学校构建的教学质量评价信息系统为各高校推动数智技术赋能教学质量保障体系建设提供了可复制的技术范式参考。2022、2023 年，学校的质保体系与教育评价工作案例连续两年获批广东省教育评价改革典型案例。2024 年，荣获全国高校质量保障机构联盟（CIQA）全国高校质量保障体系优秀范例二等奖。

其二，数智化课堂教学监管的跨领域应用价值明显。依托于智能感知矩阵的在线巡课系统，突破了传统教学监管的时空界限。该系统采用的多模态数据采集与智能分析技术，可进一步拓展至实训教学管理、实验室安全监控等多个领域。智能化、隐蔽式且无干扰的数据采集方法，为各级教学管理行政部门的教学质量监测工作提供了一定的实践参考价值。

第七节
汕头大学教师 AI 素养培训实践

一、痛点

在人工智能助推教师队伍建设和教师教学变革探索方面，存在诸多亟待破解的难题。本案例旨在探讨如何解决以下主要问题：

其一，在数智化转型的浪潮中，如何推动教师教育理念与教学方法的革新。

其二，如何提升教师的人工智能素养与能力，深化人工智能技术与教学场景的深度融合。教师的人工智能素养与能力薄弱，运用人工智能技术与教学场景深度融合的能力不足，难以适应教育数智化转型需要。

二、目标

基于上述问题，本案例聚焦教师培训赋能、场景指引、竞赛促教等方面的实践探索，旨在探索教师人工智能素养与能力提升的有效路径。

三、AI 赋能

（一）协同推进，精准培训

制订《汕头大学教师人工智能素养与能力提升培训方案》，构建形成“学校统筹—学院定制—校企协同”三级联动机制，系统提升教师人工智能素养与能力。

（1）学校层面聚焦通识能力培养，设计覆盖人工智能基础理论、工具应用与伦理规范的标准化课程；学院层面依托学科特色，聚焦 AI 赋能学科专业建设、课程重构、教学场景创新等实践环节，定制特色化培训；联合企业共建实操平台，基于案例开展培训。

（2）通过调研精准定位教学场景中的共性难点与需求，整合校内外优质学习资源，设计线上线下相互结合的培训路径，动态优化培训内容，满足多元化培训需求。

（3）利用智能管理系统记录教师学习数据，辅助生成各类数据分析报告，助力提升培训的针对性与质量，优化教师培训效能，进而形成“精准需求对接—多元资源整合—数据驱动迭代”的可持续赋能培训模式。

（二）场景深融，智教提效

（1）编制《汕头大学教育教学人工智能应用场景参考指引》，紧扣学校“改革创新、先行先试”的办学传统和“精细培养、追求卓越”的质量文化，以“教、学、评、管、研”五大核心为牵引，系统梳理 18

类高频教育教学场景，提供 46 个典型应用场景示例，提升教师对人工智能技术的理解，破解人工智能技术应用碎片化难题，助力推动人工智能技术与教育教学场景的深度融合。

（2）引入第三方智能平台，借助超星、中国大学 MOOC、雨课堂、教学质量保障系统等载体助推“人工智能 +”教学实践，以人工智能技术助力教学设计、课堂教学、教学资源建设与教学评价，助力提升教学与评价的效率与实效，加速推动学校教育教学数智化转型。

（三）以赛促教，智教革新

（1）构建“竞赛驱动—经验辐射”的“人工智能 +”教学创新促进机制。通过高校教师教学创新大赛、混合式教学设计创新大赛和高校青年教师教学竞赛等国家级赛事牵引助推教学范式变革。学校教师发展与教育评价中心积极组织教师参加各类教学创新比赛，鼓励参赛教师将人工智能技术与课程教学深度融合。

（2）通过举办经验交流活动，让获奖教师分享教学实践中应用人工智能技术的成功经验与创新做法，促进教师间互学互鉴，推动学校人机协同教学范式转型。

四、创新之处

（一）创新培训模式，实现精准赋能

（1）打破传统单一的培训模式，构建“学校统筹—学院定制—校企

协同”三级联动机制。

（2）通过调研精准定位人工智能赋能教学共性难点与多元需求，整合校内外优质培训资源，形成灵活多元的培训路径，解决了教师培训“一刀切”的问题，使培训更贴合教师实际工作场景，提升教师参与度与收获感，确保培训的专业性和实效性，从而帮助教师消除畏难心理，积极运用人工智能技术辅助教学。

（3）借助智能管理系统记录教师学习数据，通过数据分析助力跟进了解教师参与度，动态调整培训内容，提升培训效能，形成可持续赋能培训模式。

（二）梳理应用场景，助推数智提效

通过编制《汕头大学教育教学人工智能应用场景参考指引》，系统梳理“教、学、评、管、研”五大核心领域的高频教育教学场景，有助于破解人工智能技术在教育教学应用方面的碎片化困境，帮助教师进一步了解人工智能技术在教育教学场景运用中的作用与价值，进而推进人工智能技术与教育教学场景深度融合，加速学校教育教学数智化转型。

（三）赛事助推成效，引领智教革新

通过构建“竞赛驱动—经验辐射”的“人工智能＋”教学创新促进机制，鼓励并支持教师在参赛过程中将人工智能技术深度融入课程教学，有助于提升教师运用人工智能技术的积极性与实效性，形成示范效应；举办

相关经验交流分享活动，为全校教师运用人工智能技术赋能教育教学提供案例示范，同时为教师们搭建了沟通的桥梁，有效营造深度交流、相互启发的氛围。

五、教学效果

其一，实践参考价值。学校构建的"学校统筹—学院定制—校企协同"三级联动培训机制和"竞赛驱动—经验辐射"的"人工智能 +"教学创新促进机制，对各高校在组织开展教师人工智能素养与能力提升培训方面具有实践参考价值。

其二，编制学校教育教学人工智能应用场景参考指引这一举措，为高校教师提供了清晰系统的人工智能赋能教育教学场景指南，有助于解决应用碎片化难题，为高校进行人工智能与教育教学深度融合实践探索提供了思路，对推动各高校根据自身情况梳理应用场景具有实践参考意义。

第八节
数字化赋能研究生教育管理

一、痛点

其一，研究生招生管理。研究生招生管理工作任务繁重，缺乏统一高效的管理平台，硕博招生业务复杂，难以实现全局管理。自命题管理环节技术含量高、安全风险大，传统方式难以保证招生考试的公平性与科学性，且无法高效整合各类招生信息，易形成信息孤岛。

其二，研究生学籍管理。随着研究生培养目标多元化和专门化，联合培养、硕博连读等新探索不断涌现，学籍数据日益增长。同时，研究生分流淘汰力度加大，对学籍管理的规范性、准确性和严肃性提出更高要求。传统的学籍管理方式难以满足这些需求，无法高效、便捷、精准地管理大量学籍数据。

其三，研究生“三助”管理。“三助”管理工作流程烦琐，缺乏信息化管理手段，工作效率低下。师生在岗位设岗、申请、招聘、考核等环节操作不便，且工作进程不透明，不利于管理和监督。

其四，国家奖助学金管理。传统的国家奖助学金管理方式依赖大量纸质材料，工作流程烦琐，效率低下。评审过程不够智能精确，难以保证公平公正，且信息管理不数字化，不利于后续工作总结和目标量化。

二、目标

构建集管理、监测、服务三大功能于一体的研究生教育管理智能平台（图 4–27），实现人才培养多主体汇聚、全要素采集、全环节覆盖，解决当前研究生教育管理存在的突出问题，提高研究生教育治理效能，保障人才培养质量。

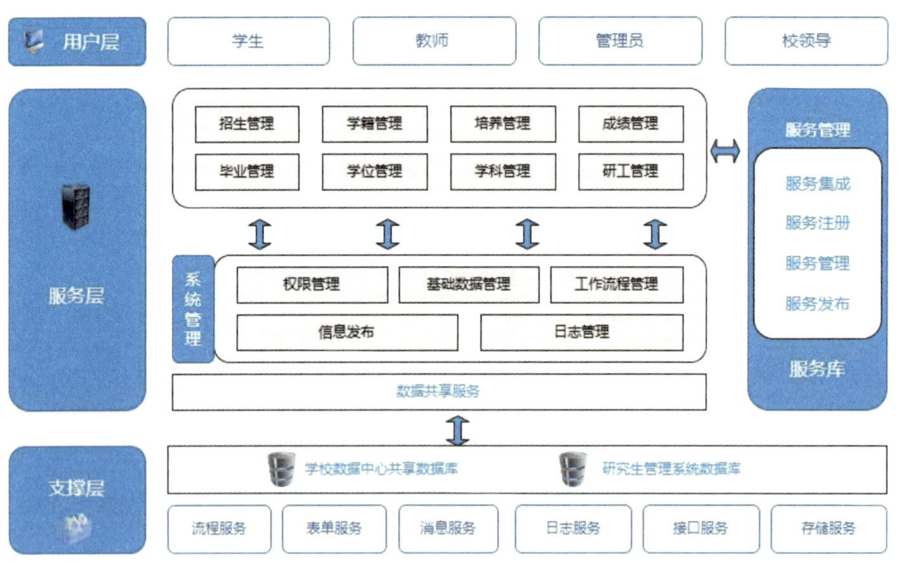

图 4–27　研究生全流程培养管理解决方案

三、AI 赋能措施

其一，招生系统智能化。开发研究生培养管理信息系统相关招生模块，整合在线招生功能，与研招网等系统对接，实现考生信息查询、志愿提交及材料上传“一站式”服务；利用数据可视化技术辅助自命题管理，提高工作效率和科学性；通过系统实时统计分析考生数据，为招生决策提供支持。

其二，学籍管理数字化。搭建实时互联互通的学籍管理数据平台，多途径采集和集成数据，保证学籍数据的可靠性、准确性与规范性，并建立数据共享机制；建立学籍异动全业务流程智能管理，开发线上申请与审核管理，构建多级审批流程，提高管理效能。

其三，“三助”管理信息化。开发研究生“三助”应用系统，实现“三助”岗位设岗、申请、招聘、复核、上岗管理以及考核管理等全流程信息化，简化工作流程；通过软件实现工作可视化，方便设岗老师和申请学生查看招聘信息和应聘状态；采用简单易用的网页管理后台及客户端，便于信息填写、审核和数据导出。

其四，奖助学金管理数字化。上线国家奖助学金管理系统，整合申请、评审、上报及发放流程，实现一站通办；定制量化指标，规范评选过程，确保公平公正；实现信息智能汇总和数据导出，方便后续工作总结和目标量化。

四、创新

其一，管理模式创新。打破传统管理模式，构建一体化的研究生教育管理智能平台，实现多主体汇聚、全要素采集、全环节覆盖，从经验驱动向数据驱动转变，提升教育管理的科学性和精准性。

其二，技术应用创新。在招生、学籍、“三助”和奖助学金管理等各个环节，充分应用信息技术，如数据可视化、智能审批、信息共享等技术，提高管理工作的效率、透明度和智能化水平。

其三，服务理念创新。以师生为中心，简化工作流程，提供便捷的服务体验。例如，在招生系统中实现“一站式”服务，在“三助”和奖助学金管理系统中做到一站通办，方便师生操作。

五、效果

其一，招生管理高效透明。招生系统提高了招生工作效率，2025 年硕士研究生报名、准考、推免预报名等工作有序进行；实现数据驱动决策，为优化生源质量提供依据。

其二，学籍管理精准高效。保证了学籍管理工作的准确性，实现学籍异动全业务流程智能管理，提升了服务效能。

其三，“三助”管理便捷透明。“三助”应用系统简化了工作流程，实现工作全流程覆盖、可视化进程和数字化管理，提高了管理效率和透明度。

其四，奖助学金管理智能公平。国家奖助学金管理系统简化了流程，保证了评选的公平公正，实现了信息管理数字化，方便后续工作。

第九节
大学生人格自我认知智能测评系统

一、痛点

人才是社会发展之本，个性化教育是提高教育质量的有效途径之一。有效实施个性化教育需要大学生精准了解自我，需要教师精准了解每位学生，就需要准确了解学生自我的能力、人格、价值观等等。因此，获取受教育者个性特征是实现以学生为中心的精准化、个性化和智能化教育的重要前提，而科学评价、精细化管理和智能化决策等是当前高校推进个性化教育迫切需要解决的关键问题。

人才培养质量模型一般采取知识—能力（技能）—素质（个人品质与价值观）模型。其中知识与技能等质量维度人们称之为表象（显式）质量，而个人品质与价值观等质量维度，人们称之为潜在（隐式）质量。表象（专业技能）通常通过考试和实操来测评。潜在（个人品质与价值观）则一般通过专业测评师来测评。

学生限于社会阅历，对自身的认知都比较模糊。而老师限于时间与专业知识，也无法像对自己的研究生和博士生那样对每位本科生同学有深刻的认知，从而在推进个性化教育方面困难重重。

二、目标

通过人工智能和大数据分析，在无意识、非入侵、无配合情况下自动识别和获取受教育者的个性外显特征（面部表情、行为动作、语音语义、书面文本等要素），对受教育者进行长时间、综合性的分析、判断和处理，帮助学生认识自我，帮助教师精准了解学生，从而为开展个性化教学提供科学依据。

三、AI 赋能措施

在搭建全景式互动场景音视频采集系统的基础上，结合现代人工智能、大数据分析等技术，通过开展个体关键特征提取与人格特质的映射关系、复杂情况下基于深度学习的人格特质感知、个体情绪状态与人格特质的关系建模等方面的研究，最终建立一套针对受教育者人格自我认知的智能测评系统。

（一）搭建全景式互动场景音视频采集系统（图 4-28、图 4-29）

（1）通过对国内外大量研究内容的分析，完善调研个体演讲、培训、研讨、无领导讨论等多种形式的音视频采集需求，经过测试和设计，确定采集系统技术指标；

（2）搭建面向群体报告的全景式互动场景音视频采集系统实际场景。购买相应设备，包括 Kinect 体感仪、大华 PTZ 工业摄像机、话筒以及工业级别的服务器等。

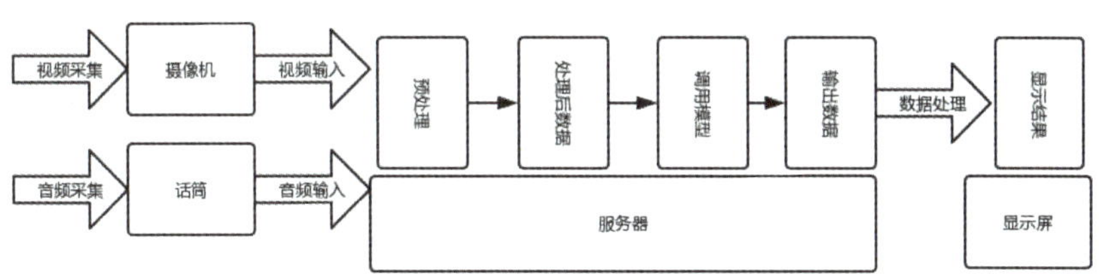

图 4-28　全景式互动场景音视频采集系统功能结构图

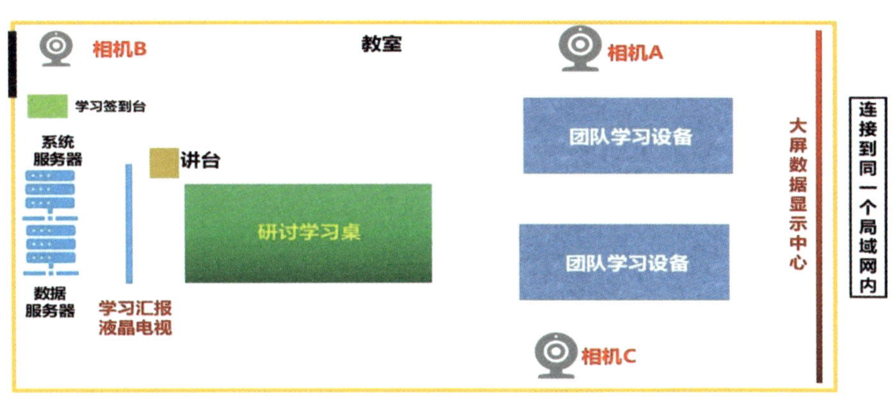

图 4-29　全景式互动场景音视频采集系统总体架构设计图

该智能测评系统通过前台采集设备在 PPT 汇报环境下，采集到大量影像和音频资料，传输至后台工业级高性能服务器进行算法处理后获得测试报告，最终可在显示屏上输出可视化结果供教学评价人员参考。（图 4-30）

图 4-30 全景式互动场景音视频采集环境实景图

（二）构建团队学习环节下的人格自我认知智能测评软硬件系统

（1）应用伺服控制技术，调度 360 度全景式 3 台工业相机，应用基于卡尔曼滤波的多目标人脸识别与跟踪算法、实时人脸的检测和比对等技术，实现在团队学习环境下，对指定人脸的自动跟随，以及数据采集和数据存储。（图 4-31、图 4-32）

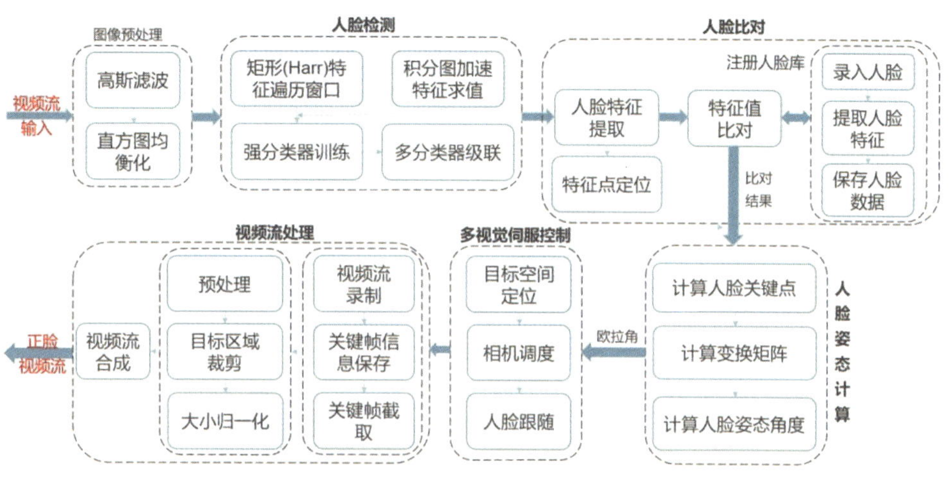

图 4-31　多目标人脸识别与跟踪技术路线

图 4-32　多目标人脸识别检测

（2）同时应用数据库信息系统管理技术，开发了系统运行软件以及数据管理软件，通过本套系统实现了跨时间的课堂回访，缩短了数据采集和管理的时间，为学生学习效果评估带来了极大的便利。（图 4-33）

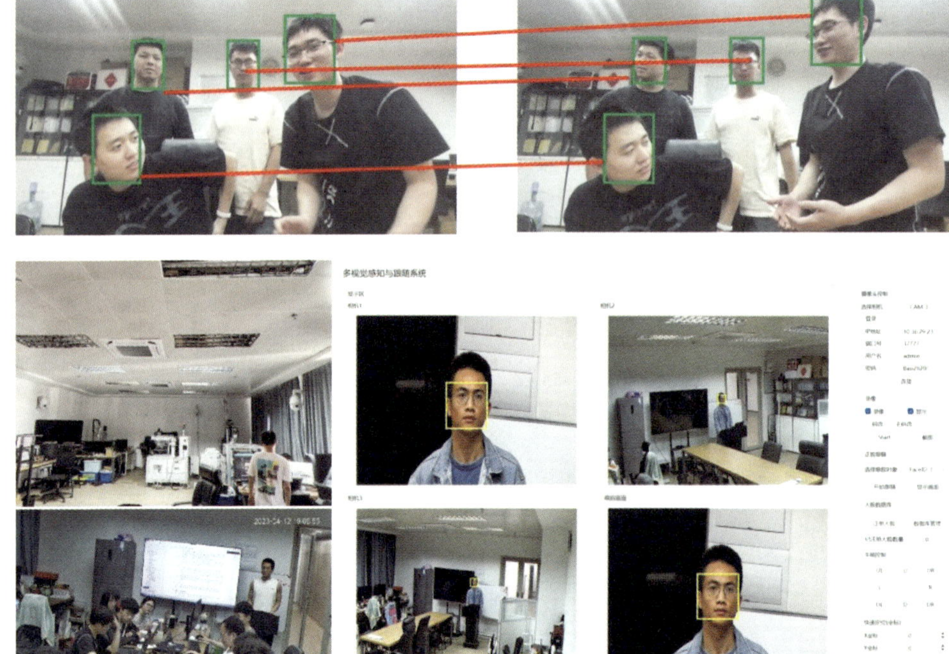

图 4-33　多目标人脸识别与匹配下的正脸跟随软件

（三）开展语音—动作—表情的外显特征识别与人格分析

1. 语音信号与学习者情绪分析

（1）针对在现实团队学习场景多噪声的特定说话人语音分离需求，改进了双路径递归神经网络，从视频流中提取唇部嵌入的视频编码器、多模态分离网络和音频解码器，研究融合唇部视频信号的多模态语音分

离技术，生成了语音信号与被标记的说话人相对应的新视频。（图 4-34、图 4-35）

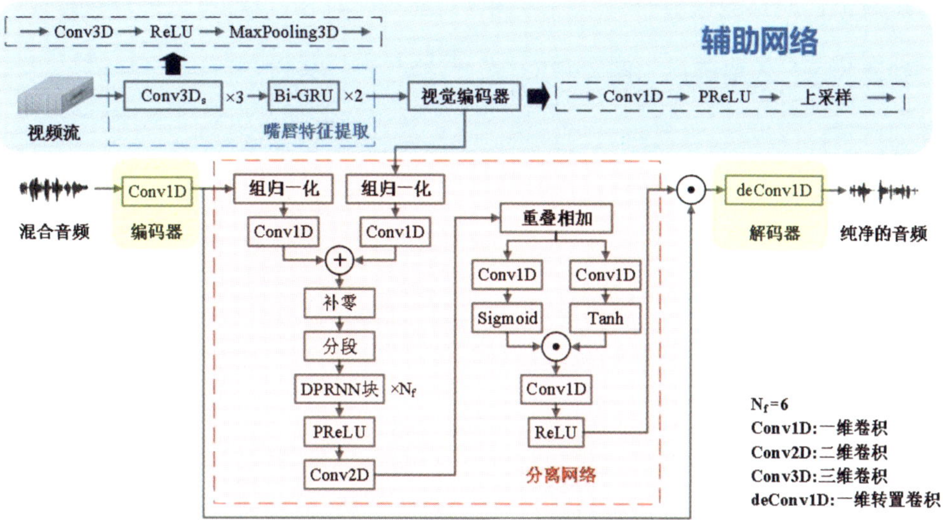

图 4-34 融合唇部视频信号的多模态语音分离技术路线图

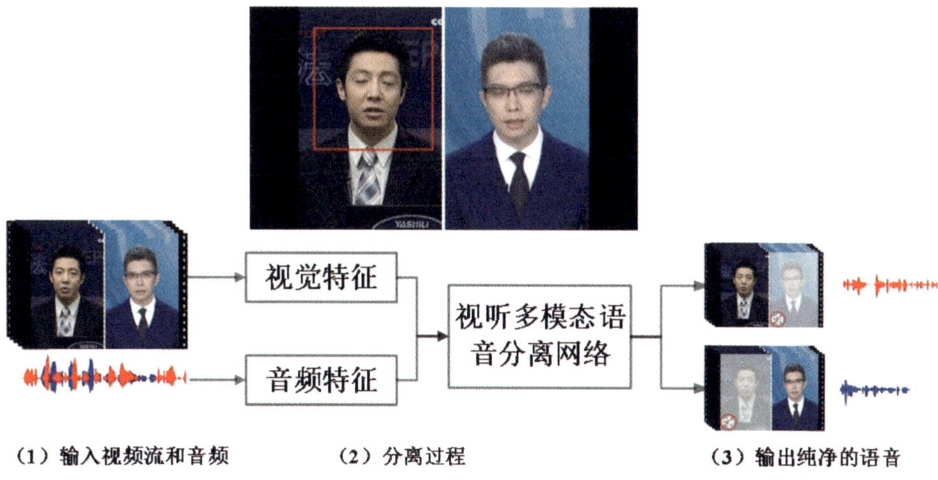

图 4-35 融合唇部视频信号的多模态语音分离

（2）基于启发式语音特征选择方法，优选出了与情感识别关系最密切的 15 个特征；使用这 15 个语音特征，开展了基于卷积神经网络和长短时记忆网络的语音情绪识别（图 4-36、图 4-37），以及基于多层感知器的语音人格评估（图 4-38、图 4-39）。

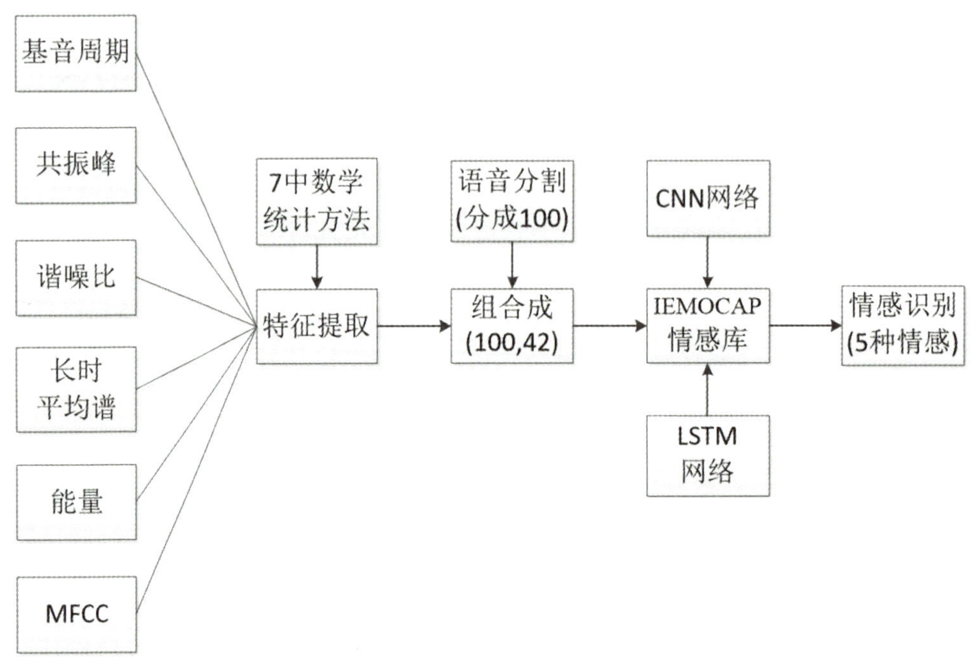

图 4-36　语音情绪识别技术路线图

模型结构	激活函数	准确率
LSTM(128) -FC(128)-Softmax(5)	ReLU	66.39%
LSTM(128)-LSTM(128)-FC(256)Softmax(5)	ReLU	67.24%
LSTM(256)-LSTM(256)-FC(512)-Softmax(5)	ReLU	**68.58%**

方法	准确率
Lee J[120]	62.85%
Lakomkin E[121]	56%
Neumann M[122]	56.10%
Chernykh V[123]	54%
本文使用的CNN	**66.54%**
本文使用的LSTM	**68.58%**

图 4-37　基于长短时记忆网络的语音情绪识别结果

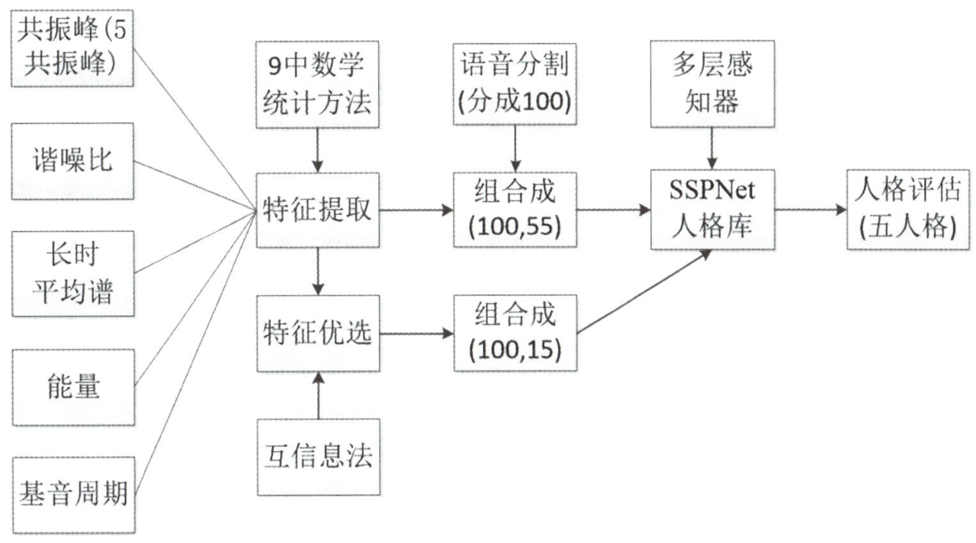

图 4-38 人格评估技术路线图

使用方法	开放性	尽职性	外向性	宜人性	神经质	综合
SP-MLP（研究）	**0.690**	0.793	0.742	**0.668**	**0.738**	**0.7262**
Mohammadi	0.601	0.725	0.735	0.631	0.661	0.671
Pohjalainen	0.605	**0.795**	0.768	0.628	0.653	0.690
Alam	0.652	0.753	**0.830**	0.660	0.692	0.717

图 4-39 基于多层感知器的语音人格评估结果

其中，情绪包括愤怒（Anger）、幸福（Happiness）、悲伤（Sadness）、沮丧（Frustration）和中立（Neutral）等 5 种类型；人格则包括开放性（openness）、尽职性（conscientiousness）、外向性（extroversion）、宜人性（agreeableness）、神经质（neuroticism）等 5 种类型（大五类人格）。

2. 动作信号与学习者焦虑分析

（1）通过整合焦虑情绪相关的动作行为心理学资料，采用“内敛程度”与“放松程度”两种焦虑情绪评估指标，构建焦虑度连续情绪评估模型，并通过该模型针对演讲情景中被测者的 16 种肢体、手部动作进行焦虑度分级，建立多维动作与焦虑度的量化映射关系（图 4-40）。

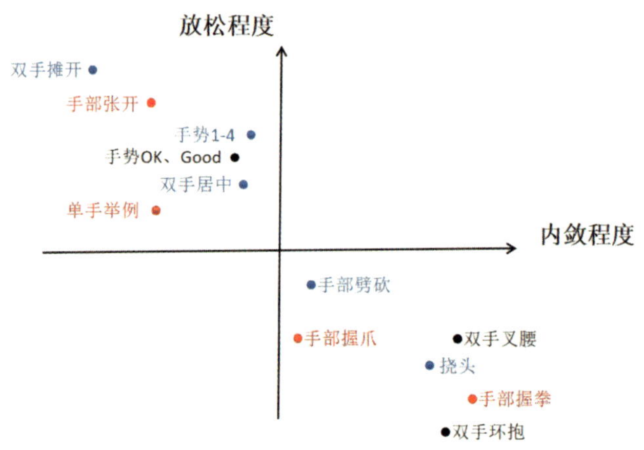

图 4-40　动作特征与焦虑程度的映射关系

（2）基于 Kinect SDK 工具包，编制人体骨架信息提取代码，提取肢体特征点。通过特征工程设计，获取 16 种肢体动作特征（图 4-41），并以此建立“1 对 1”支持向量机算法，识别与分类 6 种肢体动作（表 4-1）；通过二段肤色提取获取手部轮廓并设计 5 层卷积神经网络以识别区分度明显的 7 种手部动作，之后进一步分析 openpose 输出的手部骨架数据，识别 3 种混淆度高的动作。最终，构建联立算法，实现 10 种手部动作的识别。

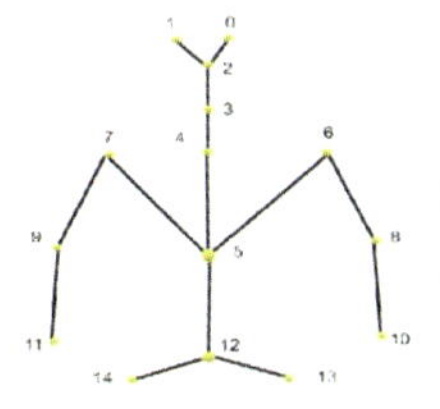

通过Kinect SDK开发后，对上本身眼部、鼻子、脖颈、手掌、髋等15个特征点进行信息保存分析，将15个关节点形成**骨骼组图**。骨骼关键点信息能有效表述动作的大致状况，能作为**高效准确**的动作识别数据。

为便于对不同动作进行针对性分析，根据特征**点间位置**，**间距**，**向量方向及夹角**三个类别方向进行特征工程设计获取16种特征。

序号	特征类型	描述
1	位置	判断高度最高的手掌点是否位于脖颈点的上方
2	位置	判断手掌点是否位于髋部区域以上
3	位置	左手掌是否在肩部中心的右侧
4	位置	右手掌是否在肩部中心的左侧
5	标准比值	手掌点与鼻子之间的欧氏距离的标准比值
6	标准比值	左手掌点与左侧大腿点水平间距的标准比值
7	标准比值	右手掌点与右侧大腿点水平间距的标准比值
8	标准比值	左手掌与右手掌之间的欧氏距离的标准比值
9	向量方向	左手肩部-左手手肘向量方向
10	向量方向	右手肩部-右手手肘向量方向
11	向量方向	左手手肘-左手手掌向量方向
12	向量方向	右手手肘-右手手掌向量方向
13	向量夹角	左手肩部-左手手肘-左手手掌向量夹角
14	向量夹角	右手肩部-右手手肘-右手手掌向量夹角
15	向量夹角	肩部中心-左手肩部-左手手肘向量夹角
16	向量夹角	肩部中心-右手肩部-右手手肘向量夹角

图 4-41　基于 Kinect 的人体动作特征识别

表 4-1　肢体情感动作描述表

编号	肢体动作种类	详细说明	预估情绪
1	单手举例	表现为一只手举在胸前向观众示意	放松
2	双手居中	表现为双手相抵，双手同时在腹部与胸腔之间	放松
3	双手平摊	表现为双手向外摊开	放松
4	双手叉腰	表现为双手撑在腰间	焦虑
5	双手环抱	表现为双手交叉，左手抓着右臂右手抓着左臂	焦虑
6	挠头	表现为至少一只手触碰后颈、耳朵、后脑勺	焦虑

（3）整合多维度个性化数据流，并实现数据优化缩减，开展了焦虑度评估系统并与实际评测结果对比。（图 4-42、图 4-43）

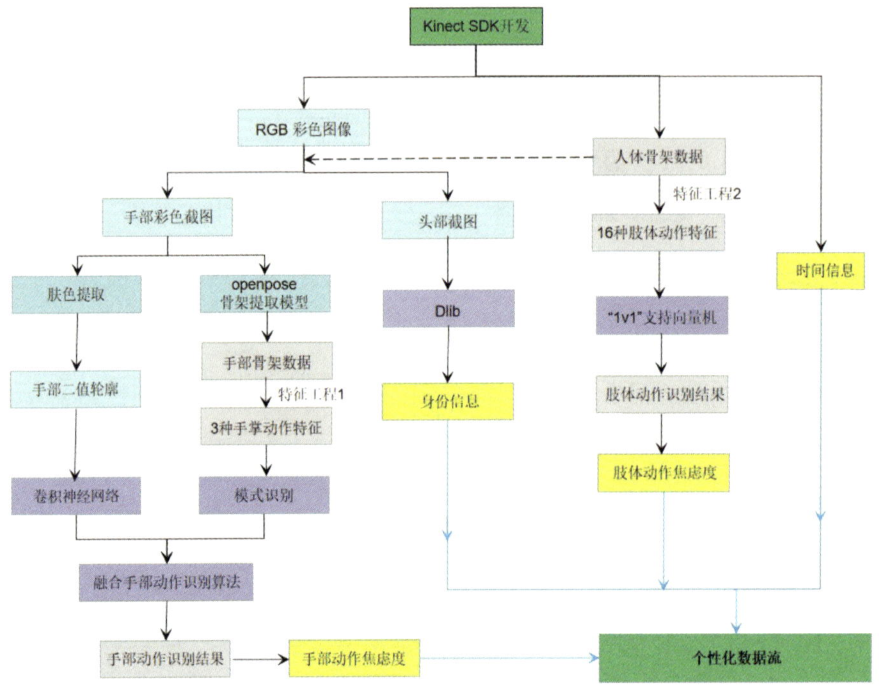

图 4-42　人体动作识别与焦虑度分析技术路线图

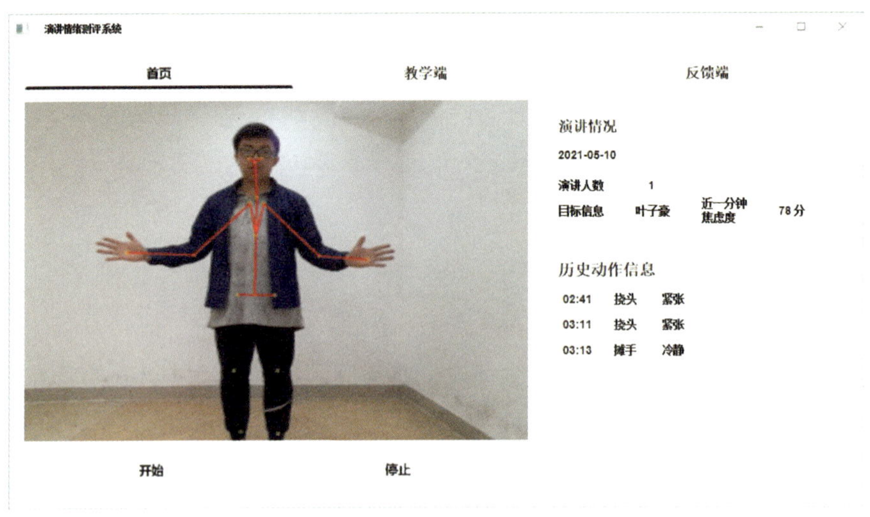

图 4-43　人体动作识别与焦虑度分析测试界面与结果

3. 面部视频生理信号与精神压力分析

（1）非接触式光电容积脉搏波描记法（Remote Photo—plethysmography，rPPG）是通过摄像机来获取心动周期造成的肉眼看不见的周期性细微皮肤颜色变化从而提取脉搏波的技术，具有非侵入式、快速和成本低等优点。（图 4-44、图 4-45）

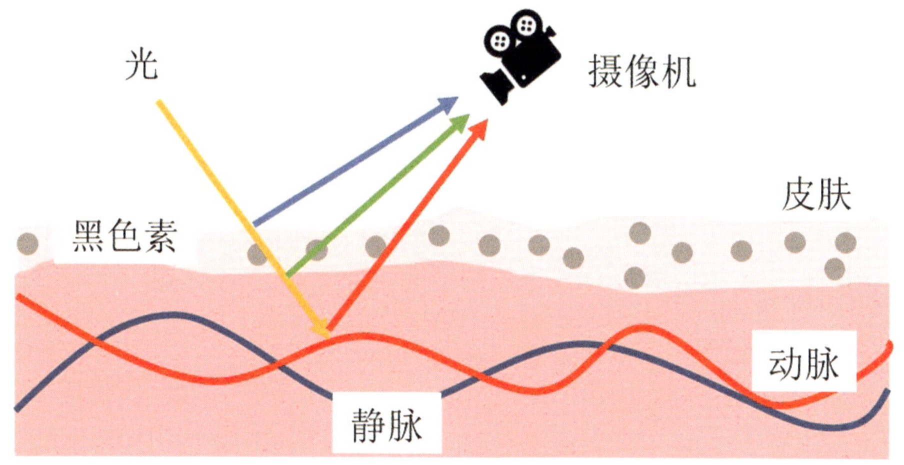

图 4-44　通过摄像机来提取脉搏波

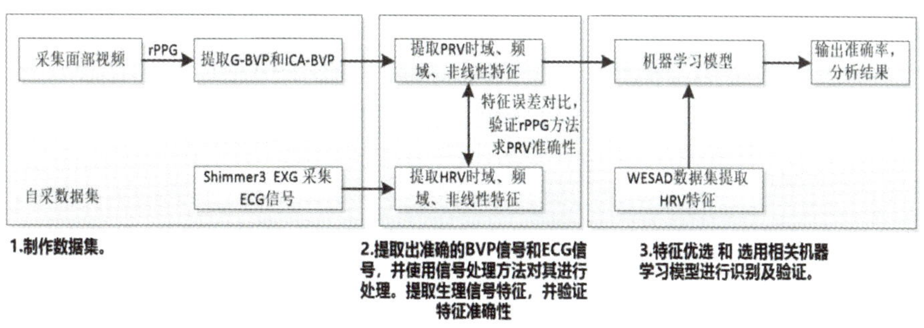

图 4-45　基于 rPPG 技术的面部视频精神压力识别技术路线图

（2）通过 rPPG 方法处理面部视频图像得到的心率、血压和心率变异性等面部血流信号，提供不同情绪状态的辨别指标。（表 4-2、图 4-46）

表 4-2　七种情绪间心率变异性的显著性差异指标

情绪	显著性差异特征	特征个数
中性—快乐	SDNN、LF、HF、LF/HF	4
中性—悲伤	SDNN	1
中性—恐惧	SDNN、PNN50	2
中性—愤怒	RR mean、RMSSD、PNN50	3
中性—厌恶	RR mean、RMSSD、PNN50	3
快乐—悲伤	SDNN、RMSSD、LF、HF、LF/HF	5

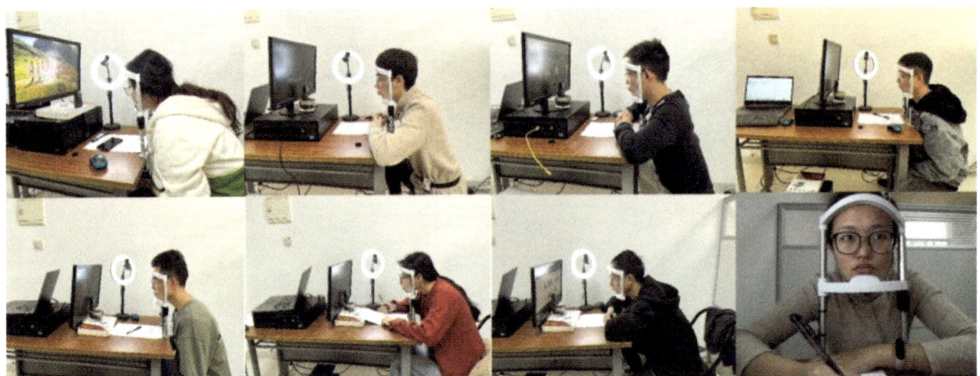

图 4-46　精神压力标签数据集制作

（3）基于 PP 间期进行脉搏变异性（Pulse Rate Variability，PRV）特征，提取了 72 个脉搏变异性特征。包括时域、频域和非线性特征提取，将脉搏变异性特征和与之对应的 ECG 信号的心率变异性（Heart Rate Variability，HRV）特征进行误差对比。（图 4-47）

改进github平台的neurokit2（The Python Toolbox for Neurophysiological Signal Processing）进行特征提取

时域特征名称	含义
MEAN	均值，反应RR间期的平均时长
SDNN	标准差，反应RR间期的波动情况
RMSSD	连续根方差，相邻RR间期时间序列差值的均方差
NN50	RR间期时间序列中大于50ms的个数
PNN50	NN50的个数占所有RR间期格个数的百分比
CV	变异系数，即SDNN与MEAN的比值

$$\mathrm{MEAN}=\overline{RR}=\frac{\sum_{i=1}^{n}RR_i}{n}$$

$$\mathrm{SDNN}=\sqrt{\frac{1}{n-1}\sum_{i=1}^{n}(RR_i-\overline{RR})^2}$$

$$\mathrm{RMSSD}=\sqrt{\frac{1}{n-1}\sum_{i=1}^{n}(RR_{i+1}-RR_i)^2}$$

$$\mathrm{PNN50}=\mathrm{P}(|RR_{i+1}-RR_i|>50\mathrm{ms})$$

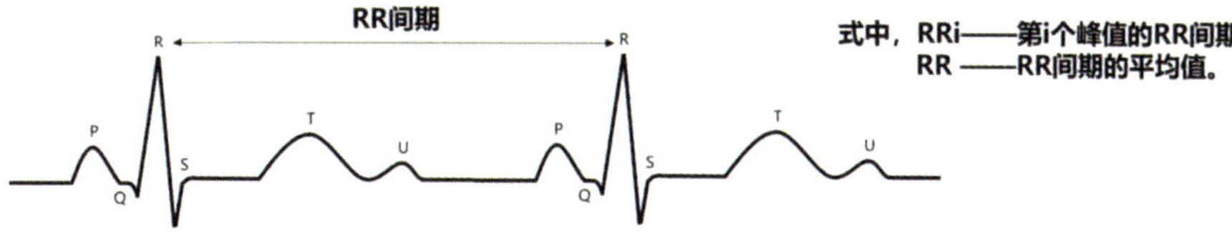

式中，RRi——第i个峰值的RR间期；$\overline{RR}$——RR间期的平均值。

图 4-47 脉搏变异性 PRV 特征提取

（4）将得到的 72 个脉搏变异性 PRV 特征，使用 IQR 方法移除特征离群值，然后对 72 个特征进行特征优选，选出了 10 个特征，其中 6 个为时域特征、3 个为非线性特征。（表 4-3、图 4-48）

表 4-3 优选的脉搏变异性 PRV 特征

ICA—BVP 对应的 PRV 经 SFS 算法优选出来的特征	特征类型
PRV_MeanNN	时域特征
PRV_CVSD	时域特征
PRV_SDANN1	时域特征
PRV_DFA_alpha2	非线性特征
PRV_MCVNN	时域特征
PRV_PSS	非线性特征
PRV_MSE	非线性特征

悲伤情绪与特征值参数

	心率		收缩压		舒张压		RRI_{mean}		SDNN		RMSSD		PNN50		LF		HF		LF/HF	
组　别	N	S	N	S	N	S	N	S	N	S	N	S	N	S	N	S	N	S	N	S
平均值	79.0	77.8	113.2	117.7	72.5	75.8	701.8	723.8	65.3	52.4	46.7	22.9	18.7	11.0	1019.65	1156.28	837.11	965.51	1.40	1.65
标准差	5.59	4.95	8.18	6.47	7.45	6.71	77.23	69.83	8.59	6.82	6.77	3.31	4.43	3.83	710.49	939.14	239.76	265.21	0.27	0.46

实验结论

	心率	收缩压	舒张压	RRI_{mean}	SDNN	RMSSD	PNN50	LF	HF	LF/HF
平均值	下降	上升	上升	上升	下降	下降	下降	上升	上升	上升
意　义				心跳慢	唤醒度低，心脏储备能量高			低频能量升高	高频能量下降	能量标准差大
标准差	下降	下降	下降	下降	下降	下降	下降	上升	上升	上升
意　义	心跳速度变化小	收缩期/舒张期比值变异性小		心脏跳动速度变化小	HRV 的总体变化不大、HRV 的快速变化成分少、迷走神经的活性低			交感神经活跃	副交感神经的活动放缓	交感神经活跃

图 4-48　脉搏变异性 PRV 特征与悲伤情绪模型关系

（5）根据心率、血压和心率变异性的 10 个特征参数的平均值和标准差，使用支持向量机、K 近邻和决策树 3 种机器学习模型，进行精神压力识别分类，判别悲伤情绪。（图 4-49）

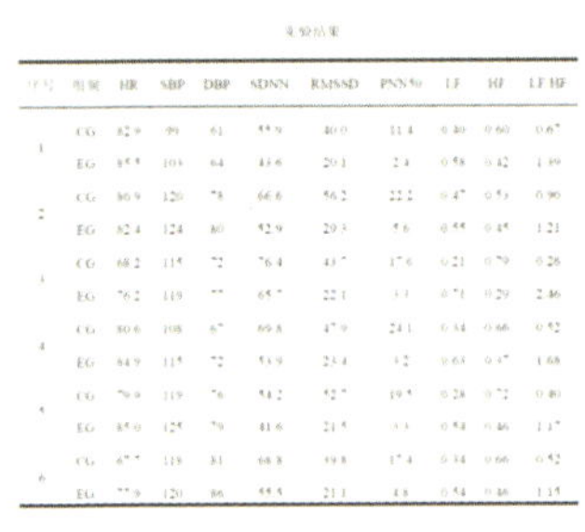

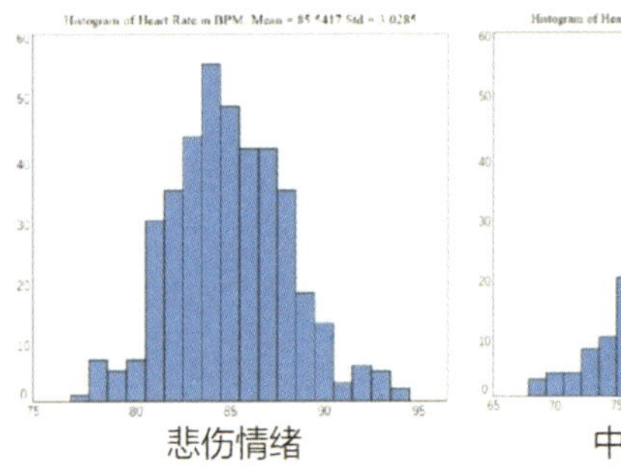

图 4-49　面部视频生理信号与精神压力分析结果

四、创新

大学生人格自我认知智能测评系统在初步解决复杂情景下个体全方位多维度数据智能采集技术、多维度复杂交叉特征快速智能分析与处理技术，以及多模态耦合数据深度学习联合建模与精准识别技术等难题，能够在无意识、非入侵、无配合情况下，自动获取、识别以及分析、判断和处理受教育者的自我学习能力、人格、价值观等个性特征，实现对受教育者进行过程性、长期性、综合性的科学评价、精细化管理和智能化决策，最终为个性化教育的广泛实施提供学生自我认知的技术支持。

五、效果

大学生人格自我认知智能测评系统在智能制造俱乐部有组织的实践活动中，针对 25 名同学做了一定程度的测试，有些初步的成效，但受限于技术测试场景的严格要求，以及目前技术突破的程度以及有效样本库的缺失，显性特征感知准确率和分析准确率还远远达不到实用的程度。

以学生课题组内单人汇报场景为实际测试案例，测试系统由动作检测、动作识别、报表反馈三部分组成。其中动作检测界面负责视频的导入与动态动作的检测，动作识别界面负责显示被检测演讲视频中情绪动作发生的记录以及学生的基本信息和得到的焦虑度值，报表反馈负责数据的调用和情绪分析报表的输出。

（1）本文通过 Kinect 录制了 5 名志愿者日常演讲汇报的视频，每个视频时长约为 5 分钟，合计 5 组数据，将数据经过本系统输出状态评估得分。

（2）本文请另外 10 位志愿者充当评委通过观看上述 5 名志愿者的视频，评委为学生和老师。为了防止评委因为演讲者的内容和声音对结果造成误判，本次验证将视频中的音频部分删去，评委们根据自身演讲经验和直觉，只通过观测演讲者肢体动作的方式来对视频整体进行演讲状态评估记录得分，评估方式如表 4-4 所示：

表 4-4　演讲状态评估方式

	积极放松	轻微焦虑	严重焦虑
演讲评估得分	95—100	90—95	<90

（3）将志愿者的评估结果与本文评估结果进行对比，结果如图 4-50 所示。

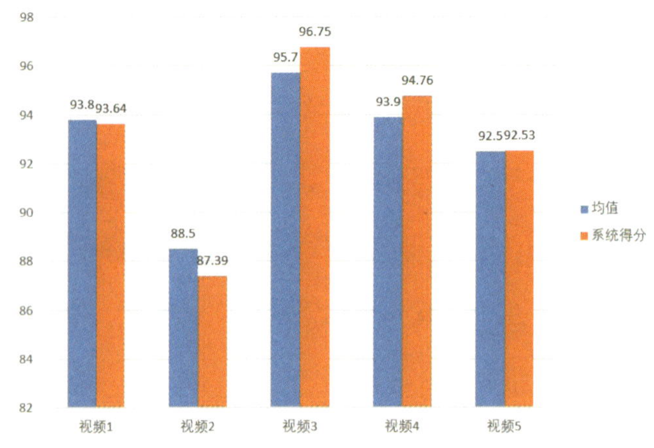

图 4-50　评估效果对比图

第五章 汕头大学智慧国际交流理念与实践

1986 年，邓小平同志曾明确指出，“汕头大学要办得更开放一些”。遵循这一指导方针，汕头大学始终致力于推进国际交流与合作，坚持立足中国、面向世界的办学定位，培养具有国际视野、创新能力和奉献精神的高质量人才。

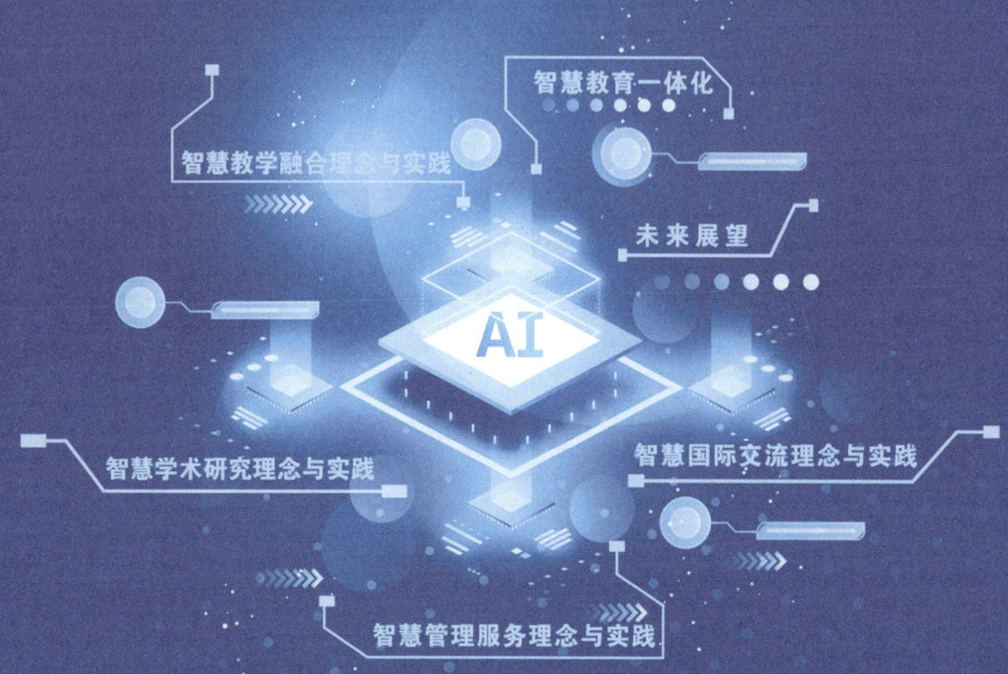

第一节
汕头大学 AI 国际交流理念

一、开放包容理念

在 AI 与教育深度融合的时代背景下，构建开放包容的教学生态至关重要。汕头大学秉持“开放包容”理念，倡导在 AI 教学融合过程中接纳多元思想、融合不同文化、尊重个体差异。在教育内容层面，学校鼓励引入全球优质教育资源与人工智能前沿成果，提升教育的广度与深度；在教学方式层面，提倡多样化的学习路径，包容不同学习风格与认知方式，营造人人皆可学、时时能学习、处处可学习的良好氛围。同时，在教学管理与制度构建中，推动平等对话、跨界合作与文化理解，尊重不同学科、不同背景群体在 AI 教学发展中的贡献，为教育创新创造更加多元、自由与开放的土壤。

二、协同创新理念

AI 教学融合的复杂性决定了其发展不能依赖单一主体、封闭路径。

汕头大学坚持“协同创新”理念，推动政府、高校、科研机构、企业等多方协同，构建以需求为导向、以问题为牵引的创新共同体。在教学实践中，通过联合教研、资源共建、平台共享等机制，促进教师、技术人员、管理者之间的跨角色合作，形成“共设目标、共担责任、共创成果”的合作机制。同时，依托人工智能教育平台和创新实验基地，探索多主体参与的 AI 教育改革新模式，推动形成良性互动、共生发展的教育创新生态，以系统化、协作式的路径破解 AI 融合教育中的重点难题，提升教育创新的系统性和可持续性。

三、品牌发展理念

AI 时代的高校不仅要在教学上实现融合创新，更要注重整体教育形象和社会影响力的塑造。汕头大学在推进 AI 教学融合中，强化“品牌发展”理念，致力于将 AI 教育打造为学校办学特色与综合实力的重要体现。通过构建具有本校特色的 AI 课程体系、打造高水平 AI 教学成果展示平台、组织高质量 AI 教育竞赛与交流活动，不断增强 AI 教学的可见度与影响力，提升学校在智慧教育领域的品牌认知度。与此同时，强化品牌内涵建设，注重教学质量、育人效果与社会声誉的统一，推动形成集技术、文化、价值于一体的 AI 教学融合品牌，为学校长远发展注入强劲动力。

四、前沿引领理念

AI 技术的发展日新月异，高等教育必须主动应对变革、引领未来。

汕头大学在推进 AI 教学融合的过程中，确立“前沿引领”理念，强调高校不仅是新技术的应用场所，更应成为前沿知识的孵化平台和未来教育的引领者。学校紧跟人工智能领域的最新动态，将前沿科技成果及时融入教学内容与方法改革之中，推动教师持续更新知识体系、提升教学理念，鼓励学生面向技术前沿开展探究性学习与创新性实践。在制度层面，强化对 AI 教育趋势的研究与研判，打造面向未来的课程体系和人才培养模式，确保教学理念和实践始终走在时代发展的前列。通过持续的战略布局与前瞻性设计，汕头大学致力于构建具有前沿视野和引领作用的 AI 融合教育新高地。

五、文化融合理念

人工智能不仅是一项技术工具，也是一种深刻影响教育文化的力量。汕头大学在 AI 教学融合过程中高度重视“文化融合”理念，强调在技术赋能的同时，推动多元文化的理解、交流与共建。学校倡导将人工智能教育与中华优秀传统文化、校园精神文化以及全球多元文化相融合，使技术发展始终根植于人文关怀与价值共识之中。在课程设计中融入文化元素，在教学交流中尊重多元视角，在国际合作中促进文化互鉴，构建兼容并蓄、和而不同的教育环境。通过文化与技术的双向融合，既提升学生的全球胜任力和人文素养，也为 AI 教学注入丰富的情感温度与价值导向，推动技术进步与文化传承同频共振，形成具有深厚文化底蕴的智慧教育体系。

第二节
汕头大学主办 AI 国际论坛

举办 AI 国际论坛是促进智慧国际交流和积极践行人类命运共同体理念的重要方式，有利于推动不同国家的学者和相关工作者分享前沿 AI 智慧教育成果，促进 AI 智慧教育的跨文化交流与合作，共同探索智慧教育的未来发展方向。汕头大学近年来主办了多场 AI 国际论坛，本书列举其中两个案例。

一、主办首届人工智能国际治理学术论坛

2023 年 12 月 18 日，由汕头大学主办的“2023 首届人工智能国际治理学术论坛”（图 5-1）在深圳广电中心成功召开。本次论坛作为数智中国科技周·全球元宇宙大会深圳站的重要分论坛之一，主题为“人工智能与人类未来”，吸引了全国教育界人士、企业代表、海外人士的广泛参与。

图 5-1　2023 首届人工智能国际治理学术论坛

汕头大学校长郝志峰（图 5-2）作为论坛主席主持本次学术论坛。论坛由领导致辞、重磅发布、颁证颁奖、院士报告、高峰对话五部分组成。郝校长在论坛开幕时介绍了汕头大学在人工智能领域的研究情况，并指出本次论坛致力于进一步推动全球各方在人工智能合作与治理方面的对话，秉持“共商共建共用”理念，更加深入地探讨如何构建适合人工智能健康发展的治理体系，协同促进人工智能更好赋能世界、造福人类。

图 5-2　汕头大学校长郝志峰作为论坛主席主持本次学术论坛

广东省深圳市福田区党组成员、副区长朱江在致辞中希望大家能够依托本次学术论坛平台，互学互鉴，携手共进，为人工智能发展出谋献策，夯实人工智能底层技术与基础软件，营造安全可信的人工智能生态，加快推动应用落地，同时加强潜在风险研判和防范，强化对人工智能技术应用的约束和治理。

加拿大工程院主席团成员、加拿大皇家科学院院士、加拿大工程院院士祝京旭在致辞中指出：人工智能是引领新一轮科技革命和产业变革的重要驱动力，正深刻改变着人们的生产、生活、学习方式，推动着人类社会迎来人机协作、跨界融合、共创分享的智能时代。期待与会专家

工智能（AGI）向上向善，造福人类。本次论坛的举办不仅为全球人工智能治理提供了新的思路和方向，也为推动人工智能技术的可持续发展奠定了坚实的基础。通过本次论坛，各方达成共识，认为只有通过加强国际合作和多方参与，才能有效应对人工智能带来的挑战，并实现其在可持续发展中的广泛应用。

第三节
国际化课程建设与慕课出海实践探索

在全球数字化转型浪潮与国家大力推进人工智能教育的背景下，汕头大学医学院积极响应，秉持“以学生为中心”的教育理念，全力推进AI 国际化课程建设，并成功实现慕课出海，为医学教育国际化与人工智能人才培养开辟了新路径，积累了宝贵经验。

一、建设背景与意义

随着人工智能技术在医疗领域的广泛应用，培养具备国际视野、掌握前沿人工智能技术的医学人才成为当务之急。汕头大学医学院作为国内医学教育的前沿阵地，肩负着为全球医学教育贡献中国智慧、培养国际化医学人才的使命。通过构建 AI 国际化课程体系，不仅能够满足学生对前沿知识的需求，还能提升学校在国际医学教育领域的影响力，促进中外医学教育交流与合作，推动医学教育创新发展。

二、课程建设思路与架构

（一）组建专业团队，夯实建设基础

在国家大力发展高等教育数字化资源的背景下，学校按照“中国特色，国际水平”的慕课建设目标不断推进课程建设的国际化，积极推动优质课程走向海外，推动学校优质课程资源的全球范围共享。

在学堂在线国际版上，学校9门对外开放的课程颇受国外学生欢迎，包括美国、法国、德国、澳大利亚、加拿大、英国、日本、新加坡等33个国家的近万名学生加入了这些在线课程学习。

2022—2023年，学校9门课程入选了国家首批和第二批海外输出课程，经由“学堂在线”出海印度尼西亚（图5-5），印尼高校学生通过这些高水平慕课进行在线学习并获得学分，助力了印度尼西亚高校在线教学服务。

图5-5　汕头大学在线课程出海印度尼西亚

在线课程的建设和输出不仅提升了学校优质慕课与在线教育的全球影响力，同时也为促进高等教育国际交流、加强课程资源建设、深化教育教学改革，提高学校国际化办学水平，更好地服务“一带一路”建设、

提高学校国际知名度产生了积极的推动作用。

成立由医学专家、人工智能技术骨干、教育技术专家以及具有国际教育背景的教师组成的跨学科课程建设团队（图 5-6）。团队成员充分发挥各自专业优势，共同研讨课程目标、内容框架与教学方法。同时，积极引入国际知名医学教育机构与人工智能企业作为顾问团队，为课程建设提供国际前沿理念与技术支持，确保课程建设的国际化水准。

图 5-6　跨学科课程建设团队

（二）融合学科知识，构建课程体系

以医学专业核心课程为基础，深度融入人工智能相关知识模块（图 5-7）。例如，在“病理学总论”课程中，除了传统病理学知识外，增设“人工智能在病理诊断中的应用”模块，让学生了解如何利用人工智能技术辅助病理图像分析、疾病诊断与预后判断；在“医学影像学”课程中，加入“智能影像诊断技术”内容，讲解人工智能算法在医学影像识别、

病变检测与精准诊断中的作用，培养学生运用人工智能技术解决实际医学问题的能力，构建起“医学 + 人工智能”复合型课程体系。

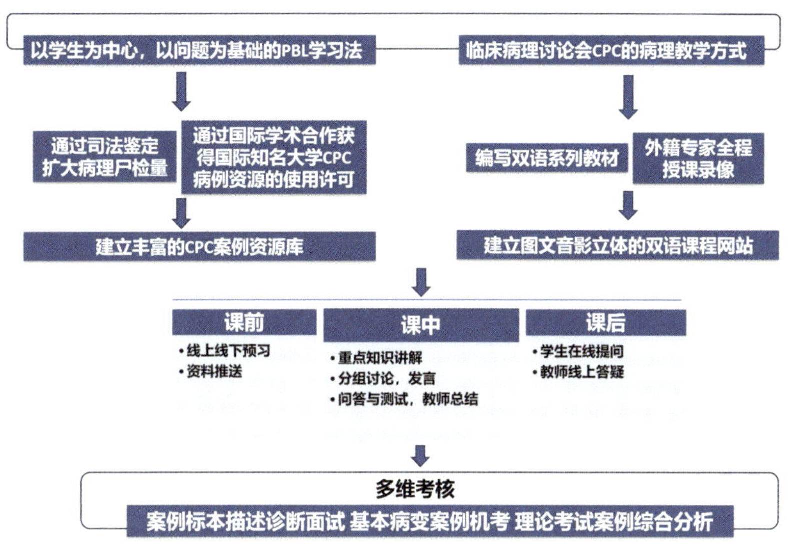

图 5-7　人工智能相关知识模块

（三）引入国际标准，优化课程设计

参照国际医学教育标准与人工智能专业认证要求，对课程进行全方位优化。在课程内容上，注重知识的前沿性与实用性，紧跟国际医学研究热点与人工智能技术发展趋势，及时更新教学案例与实践项目；在教学方法上，采用案例教学、项目驱动、小组讨论等多种互动式教学方式，激发学生的学习兴趣与主动性，培养学生批判性思维与创新能力；在课程评价上，建立多元化评价体系，综合考虑学生的理论知识掌握程度、实践操作能力、团队协作能力以及创新思维表现，全面客观地评价学生的学习效果，确保课程质量达到国际先进水平。

三、慕课出海实践探索

（一）精心打造慕课资源

基于前期课程建设成果，精心挑选适合国际传播的课程内容，制作高质量的慕课资源。在课程录制过程中，严格把控视频质量，采用高清拍摄设备与专业后期制作团队，确保视频画面清晰、声音流畅；在课程内容呈现上，注重语言表达的准确性与通俗易懂性，结合丰富的图表、动画、案例演示等多种形式，帮助国际学生更好地理解课程内容；同时，为每门课程配备详细的课程大纲、学习指南、参考资料以及在线测试题库，为学生提供全方位的学习支持。

（二）选择优质平台，推动课程上线

经过严格筛选与评价，选择具有国际影响力、用户群体广泛的在线教育平台进行慕课上线推广。与学堂在线等知名平台达成合作，借助其先进的技术支持与广泛的用户基础，将汕头大学医学院的 AI 国际化课程推向全球。在课程上线前，与平台方紧密合作，进行多轮测试与优化，确保课程在不同网络环境下都能稳定运行，为学生提供流畅的学习体验。

（三）开展宣传推广，吸引国际学生

制订全方位的宣传推广策略，提高课程知名度与影响力。利用学校官网、社交媒体账号、国际学术会议等渠道，发布课程信息与宣传视频，吸引国际学生关注；与国外高校、医学教育机构建立合作关系，通过互推课程、联合招生等方式，扩大课程招生范围；针对不同国家和地区的

学生特点与学习需求，制订个性化的招生宣传方案，提高招生精准度与有效性。截至目前，汕头大学医学院的 AI 国际化慕课已吸引了来自美国、英国、加拿大、澳大利亚等数十个国家和地区的数千名学生选修，课程好评率超过 90%（图 5-8）。

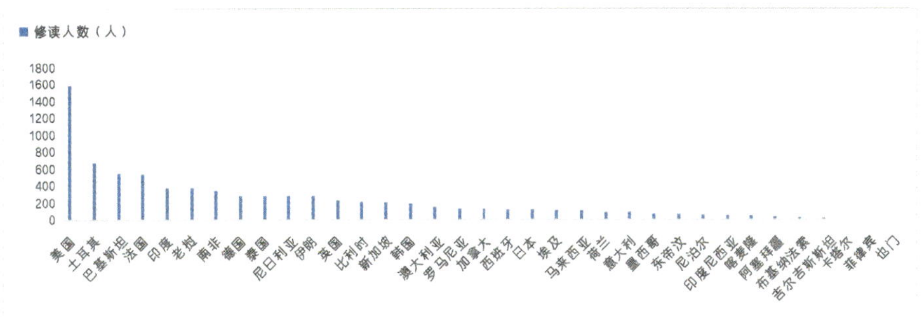

图 5-8 汕头大学医学院的 AI 国际化慕课

四、建设成效与经验总结

（一）建设成效

（1）人才培养质量显著提升：通过AI国际化课程建设与慕课出海实践，学生不仅系统掌握了医学专业知识，还熟练掌握了人工智能技术在医学领域的应用方法，具备了较强的跨学科思维与创新能力。在国际学术交流、科研项目合作以及医学实践活动中，学生能够运用所学知识与技能，提出创新性解决方案，展现了良好的专业素养与国际竞争力。

（2）学校国际影响力大幅提升：AI国际化课程的成功出海，使汕头大学医学院在全球医学教育领域获得了广泛关注与认可。学校与多个国家和地区的高校、医学教育机构建立了合作关系，开展了广泛的学术交流与合作项目。学校的国际知名度与美誉度显著提高，吸引了更多优秀的国际学生报考，为学校国际化发展奠定了坚实基础。

（3）推动医学教育创新发展：课程建设过程中，教师团队积极探索创新教学模式与方法，积累了丰富的教学改革经验。这些经验不仅在本校推广应用，还为国内其他医学院校提供了有益借鉴，推动了医学教育整体创新发展。同时，通过与国际医学教育机构的合作交流，学校及时了解国际医学教育最新动态与发展趋势，为学校医学教育改革与发展提供了重要参考。

（二）经验总结

（1）坚持国际化视野与本土特色相结合：在课程建设过程中，既要充分借鉴国际先进教育理念与教学方法，又要紧密结合国内医学教育实际与学生特点，注重本土特色内容的融入。例如，在课程案例选择上，除了引入国际经典案例外，还增加了国内具有代表性的临床案例，让学生更好地了解国内外医学实践的差异与共性，培养学生的全球视野与本土情怀。

（2）强化师资队伍建设：教师是课程建设的关键因素。要注重教师的国际化视野培养与人工智能技术培训，通过组织教师参加国际学术会议、海外研修、企业实践等活动，提高教师的专业素养与教学水平；同时，建立激励机制，鼓励教师积极参与课程建设与教学改革，为教师提供良好的教学研究环境与支持，打造一支具有国际竞争力的高素质教师队伍。

（3）注重课程质量保障与持续改进：建立健全课程质量保障体系，从课程设计、教学实施、课程评价到课程更新等各个环节进行严格把关。定期收集学生反馈意见与课程评价数据，深入分析课程教学中存在的问题与不足，及时进行调整与改进，确保课程质量不断提升，满足国际学生的学习需求与医学教育发展的要求。

第六章 未来展望

智慧校园建设是一个永无止境的过程，人工智能仍然处于快速发展的时期，人工智能在教育中的应用也在不断地革新，人工智能的技术进步也需要更多的高等教育支撑，汕头大学在智慧教育发展中将继续总结经验，为更高质量的智慧教育发展贡献汕大方案。

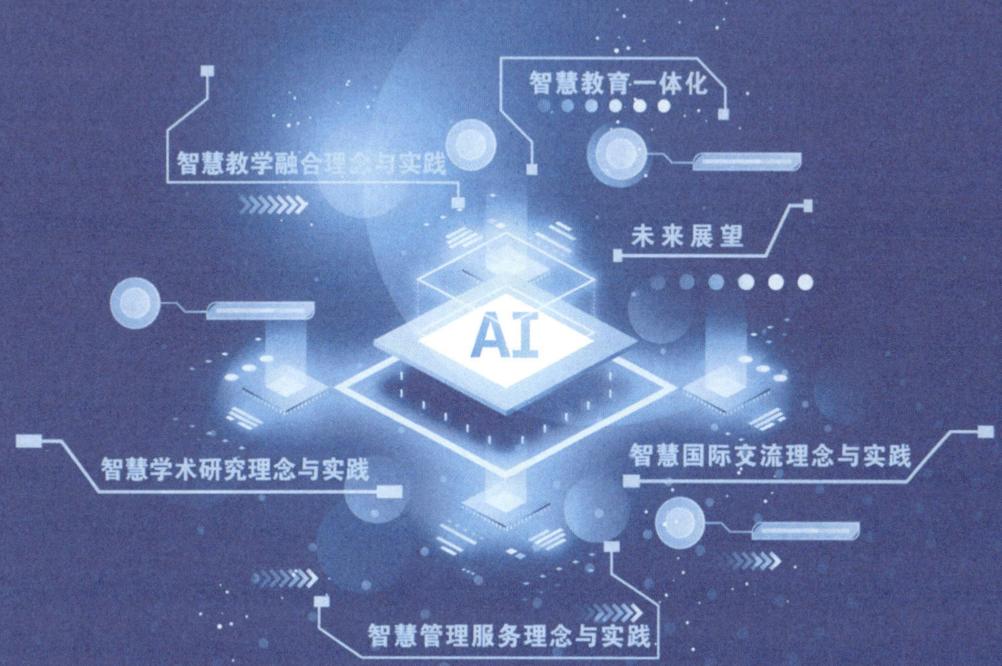

一、持续推进 AI 教学模式创新，实现全面智能教育生态

在智慧教学方面，推动智慧课堂的全面普及，构建“师—生—AI”三元协同的智慧课堂新范式将成为常态。教师可以借助 AI 智能助教，根据学生的实时学习情况调整教学内容和节奏，实现真正的个性化教学。在智能教育方面，加强人工智能跨学科融合，以“AI+ 教育”为核心，推动更多学科与人工智能深度融合。除了现有的数学与人工智能、会计与人工智能、医学与人工智能等交叉领域，还会拓展到文学、管理、法学、艺术、新闻等更多文科学科，培养跨学科的综合性人才。在教学方法和教学内容等整个教育生态中深入嵌入人工智能，构建全面的智能教育生态。

二、大力支持 AI 课程与教材建设，塑造新时代的教育情境

完善 AI 新型教材体系，研发跨学科整合、真实场景应用、核心观念贯通的教材，教材内容将更加注重与实际应用的结合，通过智能助手、案例分析、项目实践等方式，让学生更好地掌握知识和技能。同时，教材也会与时俱进，及时更新人工智能等相关技术的最新发展成果，通过技术赋能和内容转变塑造智能时代的新教育情境。

三、继续提升师资队伍素养，推进智慧型教师重塑

持续提升师资队伍的数智化水平，鼓励教师开展更多的教学创新实

践。教师不仅要掌握本学科的专业知识，还要熟悉人工智能等相关技术，能够将其融入教学中。学校会定期组织教师参加培训和研讨会，邀请专家来校讲学，提高教师的数字素养和教学能力。推动跨学科师资融合，加强不同学科教师之间的交流与合作，形成跨学科的教学团队，为学生提供更全面的知识体系和实践指导，塑造懂 AI 且会用 AI 的新型智慧教师。

四、巩固优化人才培养成果，提升人才竞争力

通过智能教育的培养，学生的综合素质和竞争力将显著提升。他们不仅具备扎实的专业知识，还能熟练运用人工智能等技术解决实际问题。在各类学科竞赛、创新创业大赛中，汕头大学的学生将取得更好的成绩，为未来的职业发展打下坚实的基础。此外，要让培养出的人才能够更好地适应社会对智能化人才的需求，毕业后在人工智能、大数据、金融、会计等领域发挥重要作用。学校也会加强与企业的合作，建立更多的实习实训基地，为学生提供更多接触实际工作场景的机会，使学生毕业后能够迅速适应工作岗位，让学生适应智能时代的就业环境，提升就业的竞争力，消解智能时代的就业危机。

五、深入推进校园管理智能化，建设智慧安全新学校

利用人工智能技术实现教务管理的自动化，通过对教学数据的分析，学校可以及时了解教学质量和学生的学习情况，为教学决策提供依据。

同时，为师生提供个性化的校园服务，通过智能推荐系统，为学生推荐适合的社团活动、学术讲座等，为教师提供教学资源推荐、办公服务提醒等。尤其是要加强安全保障体系建设，对外要加强校园网络安全防护，安装防火墙、入侵检测系统、防病毒软件等新一代智慧安全设备，防止网络攻击和病毒入侵。对内要建立网络安全管理制度，规范师生的网络行为，加强对网络访问的控制和管理，特别是加强数据安全保护，对校园数据进行分类分级管理，采取加密、备份等数据安全保护措施，防止数据泄露和篡改。同时，建立数据安全应急预案，在发生数据安全事件时能够智能化进行处理和恢复，保障学校的正常运转和师生的合法权益。加强对学校信息系统的安全管理，建立信息安全管理体系，明确信息安全责任，加强对信息系统的运维管理和安全审计，确保校园信息安全。

六、转变智能教育的评价模式，让评价引导发展

智能时代的教育评价亟须改革，借助人工智能和大数据开展过程性评价，实时收集学生学习过程中的各种数据，如学习时间、学习进度、作业完成情况、课堂参与度等，对学生的学习过程进行持续跟踪和反馈。同时，结合情境化测评与自适应测试，设置真实情境下的测评任务，考查学生运用知识解决实际问题的能力，并根据学生的答题情况自动调整试题难度，更精准地测量学生的知识水平和能力层次。借助人工智能和大数据分析每个学生的学习风格、优势和劣势，为学生制订个性化的评

价标准。关注学生的增值发展，通过对学生学习数据的纵向分析，评价学生在一定时期内的进步和成长情况，鼓励学生不断超越自我。

七、构建 AI 伦理治理基本框架

学校深刻认识到制度建设在 AI 伦理规范中的基础性作用，着力构建具有系统性、科学性和可操作性的人工智能伦理规范制度体系。汕头大学以国家相关法律法规、行业伦理准则和高校自身发展实际为依据，制订涵盖科研活动、教学内容、数据管理、成果应用等方面的伦理制度，确保 AI 技术在校园内健康、合规、可持续发展，不偏离教育本质和伦理底线。在制度顶层设计上，学校拟出台《汕头大学 AI 伦理规范指南》，作为校级纲领性文件，为人工智能技术在各类教学科研场景中的使用提供基本价值导向与行为边界。该指南系统明确人工智能相关活动中的责任主体、操作流程与伦理底线，推动实现从制度层面对技术应用的引导、规制与问责。学校对涉及学生学习数据采集、行为分析、成绩预测等功能的 AI 系统实行全流程审查机制，从技术可行性、合规性、安全性和伦理风险等多维度评价其使用必要性与合理性。如 AI 阅卷系统、学生行为分析平台等，必须数据合规 + 伦理合规，防止 AI 技术的异化。

汕头大学始终把 AI 作为教师辅助教学的工具，建立教学 AI 应用的伦理评价与问责机制。学校制订《教学 AI 工具使用指引》，明确使用流程、审查标准与责任边界。设立教师使用反馈平台与学生申诉通道，畅

通师生对 AI 系统运行效果、伦理隐患等方面的评价与反馈。对 AI 应用中发现的不当使用、伦理越界等行为，及时干预、追责纠偏，切实保障学生权益。